国家级普通话水平测试员编写

PUTONGHUA ABILITY
TRAINING AND TESTING

普通话能力训练与测试

主　编 ◎ 刘　艳　黄政华　鲍芳芳

副主编 ◎ 肖爱武　刘俊君　熊　琳
　　　　　张　敏　曹绪东

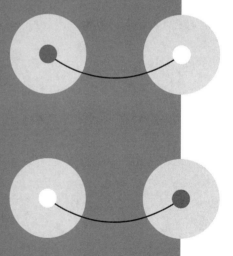

上海财经大学出版社
SHANGHAI UNIVERSITY OF FINANCE & ECONOMICS PRESS

图书在版编目(CIP)数据

普通话能力训练与测试 / 刘艳，黄政华，鲍芳芳主
编. -- 上海：上海财经大学出版社，2024.9. -- ISBN
978-7-5642-4450-7

Ⅰ. H102

中国国家版本馆 CIP 数据核字第 2024L7Z495 号

□ 策划编辑　刘冬晴
□ 特约编辑　刘冬晴
□ 责任编辑　廖沛昕
□ 封面设计　贺加贝

普通话能力训练与测试

刘　艳　黄政华　鲍芳芳　主编

上海财经大学出版社出版发行
（上海市中山北一路 369 号　邮编 200083）
网　　址：http://www.sufep.com
电子邮箱：webmaster @ sufep.com
全国新华书店经销
上海叶大印务发展有限公司印刷装订
2024 年 9 月第 1 版　2024 年 9 月第 1 次印刷

787mm×1092mm　1/16　11.75 印张　192 千字
（朗读作品　7.25 印张　119 千字）
定价：48.00 元
（本教材赠送朗读作品，请向售书单位索取）

编 委 会

前言
FOREWORD

现代交通工具和通信工具的快速发展,正悄然改变我们的生活方式。目前,空间的距离日益缩小,人员流动的数量日益增多、流动的区域日益扩大,人们之间的交流合作也日益密切。"强国必须强语,强语助力强国",大力推广普通话成为我国一项重要的基本国策。我国《宪法》就明确规定了把普通话和规范汉字作为通用语言的法律地位。教育部也要求各级各类学校把普及普通话纳入培养目标。此外,推广普通话也有利于维护民族团结和国家统一,增强民族凝聚力;有利于对外开放交流;有利于促进社会主义先进文化建设,对于提升综合国力和国际竞争力有着十分重要的意义。

普通话水平测试是国家职业资格考试,由教育部、国家语言文字工作委员会(以下简称国家语委)统一规定普通话水平测试等级标准及测试大纲。《普通话能力训练与测试》针对普通话水平测试,在编写过程中根据教师教学的实践经验,结合教学实际,本着实用、好用的原则,对相关的普通话教材进行了整合,对理论知识进行了不同程度的删减,强化了学生的实践训练,同时重点突出了对基础知识的学习,使教师易教、学生易学,更利于学生普通话水平的提高。

本书由第一章至第六章、附录组成,涵盖了普通话训练和普通话水平测试的主要内容,具体包括普通话水平测试指导、声母、韵母、声调、音变,以及普通话水平测试训练等;此外,本书还配有"朗读作品"50 篇,每篇作品配音频二维码,可以随扫随听,能做到对学生有计划、有目标地进行普通话规范化训练,促使学生掌握国家普通话水平测试的内容及流程,为通过普通话水平测试打下坚实的基础。

另外,本书在编写的体例设计中,设置了相关小栏目,突出了知识的实用性和趣味性,使学生易于接受。

学习要点:用简洁的文字概述每章的主要内容,使学生明确学习内容和要求。

模拟场景:用一个带有插图的模拟场景导入学习内容,增添学习的趣味性。

知识点拨:明确该学习任务的相关理论知识。

模拟训练:用于指导学生的朗读训练。

实战演练:配有大量的朗读材料,加大朗读训练量,提高学生朗读水平。

由于编者水平有限,书中难免存在不足之处,敬请广大读者批评指正,以求日臻完善。

编　者

2024 年 9 月

目录
CONTENTS

第一章
普通话水平测试指导

学习要点

　　了解普通话培训工作的意义,了解普通话水平测试大纲,熟悉普通话水平测试项目。

第一节　普通话培训工作的意义

一、普通话培训是普及民族共同语工作的普遍做法

21世纪充满新的机遇和挑战,人们在学习、交流、工作、业务联系以及与他人的来往接触中,都离不开讲普通话和运用规范字。因此,推广普通话和运用规范字已成为教育教学和社会经济发展的当务之急,也是每一个教育工作者和每一个中国公民责无旁贷的义务。实践表明,普通话要达到一级水平,必须经过严格的教学训练才能实现。普通话培训是推广普通话工作的一种重要的、直接的宣传形式,是普及民族共同语工作的普遍做法。

二、普通话培训对于普通话测试具有重要意义

为了提高学生的语言交际能力,就需要进行规范的普通话训练。普通话培训对初学者具有引导作用,对于有一定普通话基础者有提高作用,而对所有准备参加普通话测试者来说,不仅有引导、提高的作用,还有提升应试能力的作用。

第二节　普通话水平测试大纲

为进一步提高普通话水平测试工作的制度化、规范化、科学化水平,《普通话水平测试大纲》以部颁文件的形式规定了普通话水平测试的性质、目的、要求,工作的原则和依据,测试的方式和范围,评分系统和方法等,是国家实施普通话水平测试的依据。各级测试机构和普通话水平测试员必须严格执行,以确保测试质量。

本测试定名为"普通话水平测试"(Putonghua Shuiping Ceshi,简称PSC)。它以口试的方式进行,测查应试者的普通话规范程度、熟练程度,认定其普通话水平等级,属于标准参照性考试。本大纲规定测试的内容、范围、题型及评分系统。

一、测试内容和范围

普通话水平测试的内容包括普通话语音、词汇和语法。

普通话水平测试的范围是国家测试机构编制的《普通话水平测试用普通话词语表》《普通话水平测试用普通话与方言词语对照表》《普通话水平测试用普通话与方言常见语法差异对照表》《普通话水平测试用朗读作品》《普通话水平测试用话题》。

二、试卷构成和评分

试卷包括 5 个组成部分，满分为 100 分。5 个组成部分主要包括读单音节字词、读多音节词语、选择判断、朗读短文、命题说话。同时大纲附有说明："各省、自治区、直辖市语言文字工作部门可以根据测试对象或本地区的实际情况，决定是否免测'选择判断'测试项。如免测此项，'命题说话'测试项的分值由 30 分调整为 40 分。"下面以免测"选择判断"地区为例，重点讲述读单音节字词、读多音节词语、朗读短文和命题说话 4 项。

（一）读单音节字词

读单音节字词（100 个音节，不含轻声、儿化音节），限时 3.5 分钟，共 10 分。

1. 目的

测查应试者声母、韵母、声调读音的标准程度。

2. 要求

（1）100 个音节中，70％选自《普通话水平测试用普通话词语表》中的"表一"，30％选自"表二"。

（2）100 个音节中，每个声母出现次数一般不少于 3 次，每个韵母出现次数一般不少于 2 次，4 个声调出现次数大致均衡。

（3）音节的排列要避免同一测试要素连续出现。

3. 评分

（1）语音错误，每个音节扣 0.1 分。

（2）语音缺陷，每个音节扣 0.05 分。

（3）超时 1 分钟以内，扣 0.5 分；超时 1 分钟以上（含 1 分钟），扣 1 分。

（二）读多音节词语

读多音节词语（100 个音节），限时 2.5 分钟，共 20 分。

1. 目的

测查应试者声母、韵母、声调和变调、轻声、儿化读音的标准程度。

2. 要求

（1）词语的 70％选自《普通话水平测试用普通话词语表》中的"表一"，30％选自"表二"。

（2）声母、韵母、声调出现的次数与读单音节字词的要求相同。

（3）上声与上声相连的词语不少于 3 个，上声与非上声相连的词语不少于 4 个，轻声不少于 3 个，儿化不少于 4 个（应为不同的儿化韵母）。

（4）词语的排列要避免同一测试要素连续出现。

3. 评分

（1）语音错误，每个音节扣 0.2 分。

（2）语音缺陷，每个音节扣 0.1 分。

（3）超时 1 分钟以内，扣 0.5 分；超时 1 分钟以上（含 1 分钟），扣 1 分。

（三）朗读短文

朗读短文（1 篇，400 个音节），限时 4 分钟，共 30 分。

1. 目的

测查应试者使用普通话朗读书面作品的水平。在测查声母、韵母、声调读音标准程度的同时，重点测查连读音变、停连、语调以及流畅程度。

2. 要求

（1）短文从《普通话水平测试用朗读作品》中选取。

（2）评分以朗读作品的前 400 个音节（不含标点符号和括注的音节）为限。

3. 评分

（1）每错读 1 个音节，扣 0.1 分；漏读或增读 1 个音节，扣 0.1 分。

（2）声母或韵母的系统性语音缺陷，视程度扣 0.5 分、1 分。

（3）语调偏误，视程度扣 0.5 分、1 分、2 分。

（4）停连不当，视程度扣 0.5 分、1 分、2 分。

（5）朗读不流畅（包括回读），视程度扣 0.5 分、1 分、2 分。

(6) 超时扣 1 分。

(四) 命题说话

命题说话，限时 3 分钟，共 40 分。

1. 目的

测查应试者在无文字凭借的情况下说普通话的水平，重点测查语音标准程度、词汇语法规范程度和自然流畅程度。

2. 要求

(1) 说话话题从《普通话水平测试用话题》中选取，由应试者从给定的两个话题中选定 1 个话题，连续说一段话。

(2) 应试者单向说话。如发现应试者有明显背稿、离题、说话难以继续等表现时，主试人应及时提示或引导。

3. 评分

(1) 语音标准程度，共 25 分。分六档。

一档：语音标准，或极少有失误，扣 0 分、1 分、2 分。

二档：语音错误在 10 次以下，有方音但不明显，扣 3 分、4 分。

三档：语音错误在 10 次以下，但方音比较明显；或语音错误在 10～15 次，有方音但不明显，扣 5 分、6 分。

四档：语音错误在 10～15 次，方音比较明显，扣 7 分、8 分。

五档：语音错误超过 15 次，方音明显，扣 9 分、10 分、11 分。

六档：语音错误多，方音重，扣 12 分、13 分、14 分。

(2) 词汇语法规范程度，共 5 分。分三档。

一档：词汇、语法规范，扣 0 分。

二档：词汇、语法偶有不规范的情况，扣 1 分、2 分。

三档：词汇、语法屡有不规范的情况，扣 3 分、4 分。

(3) 自然流畅程度，共 5 分。分三档。

一档：语言自然流畅，扣 0 分。

二档：语言基本流畅，口语化较差，有背稿子的表现，扣 0.5 分、1 分。

三档：语言不连贯，语调生硬，扣 2 分、3 分。

说话不足 3 分钟，酌情扣分：缺时 1 分钟以内（含 1 分钟），扣 1 分、2 分、3 分；缺时 1 分钟以上，扣 4 分、5 分、6 分；说话不满 30 秒（含 30 秒），本测试项成绩计为 0 分。

三、普通话水平等级

国家语言文字工作部门发布的《普通话水平测试等级标准(试行)》是确定应试者普通话水平等级的依据。测试机构根据应试者的测试成绩确定其普通话水平等级,由省(自治区、直辖市)培训测试中心或部委直属单位普通话水平测试委员会颁发相应的普通话水平测试等级证书。

普通话水平划分为三个级别,每个级别内划分两个等次。其中:

97 分及其以上,为一级甲等;

92 分及其以上但不足 97 分,为一级乙等;

87 分及其以上但不足 92 分,为二级甲等;

80 分及其以上但不足 87 分,为二级乙等;

70 分及其以上但不足 80 分,为三级甲等;

60 分及其以上但不足 70 分,为三级乙等。

第三节　湖北省普通话水平测试项目

湖北省普通话水平测试共有四个大项:第一项"读单音节字词",第二项"读多音节词语",第三项"朗读短文",第四项"命题说话"。四个大项全部采用口试的方式进行。

一、读单音节字词

该项主要测查应试者普通话声、韵、调读音的标准程度(100 个音节),限时3.5 分钟,共 10 分。

(一) 样题

chuí	gōng	xiá	jù	lín	zǐ	hèn	quē	huà	cāng
捶	宫	匣	拒	淋	籽	恨	缺	话	舱

tiān	láng	cāi	liú	jùn	cuàn	miǎo	shōu	xiá	zhuàn
添	廊	猜	留	峻	窜	秒	收	匣	撰

zūn	dì	hēi	pǐn	qún	chī	bǎn	màn	suí	wēng
尊	第	黑	品	裙	吃	版	曼	隋	翁
cù	róng	ǒu	sǐ	nuó	miè	yū	wā	rén	shuāng
簇	容	呕	死	挪	灭	迂	挖	人	双
yuàn	luó	xiāng	tíng	jiū	guǎi	zāo	qiú	sè	chǒng
怨	萝	乡	廷	纠	拐	遭	球	涩	宠
dāi	zuì	téng	lǐng	huò	mí	kū	nǐ	bǎ	xiōng
呆	醉	疼	岭	或	迷	枯	你	靶	兄
yīng	ruǎn	ér	yuè	piǎo	xùn	bó	niē	kǒu	qiáng
英	软	而	跃	瞟	驯	铂	捏	口	墙
fěng	shì	fú	jiàn	qiáo	zhé	gāo	rào	fó	zhēng
讽	誓	浮	箭	乔	哲	糕	绕	佛	蒸
bàng	pàn	chá	piàn	kǎo	nèn	nǚ	zhì	diē	shuāi
谤	判	察	骗	考	嫩	女	致	爹	摔
yōng	pò	dǐng	kùn	wén	fěi	tài	guā	xuán	chuǎng
拥	破	顶	困	文	匪	态	瓜	玄	闯

(二) 要求

字词应横向朗读,声音要响亮,字词的声母、韵母读音要准确到位(如"俩""啮""臀""癣""翁""儿""绢")。声调方面则应完整地读出字词的本调读音,尤其要注意上声调字词的"降升调"读法。适当控制读音的节奏,对不熟悉的字词,要大胆认读(漏读按错误处理)。

(三) 应试技巧

1. 放松情绪,自然发音

(1) 尽量减少焦虑。焦虑导致的紧张可能使人呼吸急促、发音器官运动失调,结果使说话的频率发生异常改变,嗓音发生变异等,从而在一定程度上影响应试者水平的发挥。因此,应试者应尽量减少焦虑情绪,使测试的水平得到正常发挥。

(2) 理性面对测试。普通话水平测试与常规的书面考试相比,需要应试者具备好的心理素质,不能怯场。如何克服心理障碍,具备良好的应试素质,需要应试者理智认识测试的目的,同时在平时的模拟训练中严格要求自己。

(3) 保持适度紧张。测试前的紧张心理一般都会存在,适度的紧张对考试是有帮助的,它能使人积极应对问题情景。测试时漫不经心、过度放松反倒对测试不利。

（4）积极心理暗示。应试者要在勤学苦练的基础上，多进行积极的心理暗示，如"我相信自己会过关""我花了这么多工夫会成功的"等，不想消极的因素和不好的结果。

2. 掌握规则，避免失分

（1）明确测查目的。在平时学习和练习时要明确测试目的，严格规范普通话语音系统声母、韵母及声调的发音。声母要读准、韵母要发全、声调要到位。

（2）控制认读速度。读单音节字词有时间限制，要求在 3.5 分钟内全部读完，否则会因超时一次性扣分。应试者应留意屏幕下方的时间滚动条，合理安排时间。

（3）了解评分标准。具体评分有三点需要注意：一是读音错误，每个音节扣 0.1 分；二是语音缺陷，每个音节扣 0.05 分；三是超时扣分，超时 1 分钟以内扣 0.5 分，超时 1 分钟以上（含 1 分钟）扣 1 分。

3. 追求准确，克服缺陷

（1）克服声母发音缺陷。声母发音缺陷常表现为：舌尖后音 zh、ch、sh、r 的发音部位靠前，舌尖趋近于上齿或上牙床的位置；鼻音 n 的发音部位不够紧，听感上趋近 l；边音 l 鼻音化；舌面音 j、q、x 发音时舌尖起了过多的作用，发音接近舌尖前声母 z、c、s。

（2）克服韵母发音缺陷。韵母发音缺陷常表现为：字音中单韵母发音唇形、舌位控制不到位，导致发音不纯，如单元音 u 舌位明显偏前；复韵母动程不到位，有单韵母倾向，如"iao""ao"；韵母"ou""iu"发音整体舌位偏前；前鼻韵母归音不到位，导致发音不圆满，后鼻韵母动程不够，听感不好。

（3）克服声调发音缺陷。声调发音缺陷常表现为：阴平调[55]保持了平调，但调值略低，只有[44]；阳平调[35]起音略带曲折；上声调[214]读不到位，基本上读[21]，没有降升调型，曲折和上升部分丢失，造成后半截失落；全降调[51]的调值不够，表现为起点不足最高或落点不到最低。

二、读多音节词语

该项主要测查应试者在音节连续时声、韵、调读音的标准程度和词语的轻重音格式、上声变调、轻声词、儿化词读音的标准程度（100 个音节），限时 2.5 分钟，共 20 分。

（一）样题

pínqióng 贫穷	cǎosuān 草酸	fēnpèi 分配	fósì 佛寺	wánzhěng 完整	kāichuàng 开创
hóulóng 喉咙	zìyàng 字样	értóng 儿童	jǐngquǎn 警犬	wǎngnián 往年	pǎotuǐr 跑腿儿
jūnxùn 军训	guīdìng 规定	zhènyā 镇压	xiàbān 下班	pánchán 盘缠	shèhuìxué 社会学
niúdùn 牛顿	júshì 局势	cúnzài 存在	nèibù 内部	xiǎnde 显得	jīnyúr 金鱼儿
jiǎjiè 假借	zuòfǎ 做法	gāodī 高低	bāguà 八卦	tèbié 特别	kǒushàor 口哨儿
xuánguà 悬挂	nénglì 能力	cíchǎng 磁场	xiǎngyǒu 享有	xiōnghuái 胸怀	gōngyèhuà 工业化
qiúsài 球赛	wàilái 外来	kuānkuò 宽阔	mōsuǒ 摸索	shōuchéng 收成	nàdiǎnr 那点儿
móulüè 谋略	réngrán 仍然	píngyuán 平原	miánhuā 棉花	fúzhuāng 服装	liǎorúzhǐzhǎng 了如指掌

（二）要求

（1）多音节词语应以音节连续的形式读出，不能按单个字音读出。

（2）注意词语的轻重音格式。除轻声词外，其他的双音节词应该作中重式。

（3）轻声词和上声变调的判断要准确，读音要到位。

（4）儿化词必须按照儿化的音变形式读出，不能读成三个音节。

（5）词末的上声调音节应读本调，降、升一定要到位。

（6）异读词或多音节词应根据语境选择正确读音。

（7）三音节、四音节词语的读音，要连贯自然。

（三）应试技巧

1. 注意声韵调基础，发音要准确饱满

（1）声母发准，韵母到位，声调发全。从测试录音样本来看，一般达到一级乙等的考生，语音中间是没有系统性的语音错误的，偶有语音缺陷；达到二级甲等的考生，偶有鼻边音（n、l）、前后鼻韵（-n、-ng）的错误或缺陷；达到二级乙等的考生存在鼻边音错误、部分平翘舌错误和缺陷;三级的考生鼻边音、平翘舌、前后鼻韵系统性错误较多;等等。应试者如果存在以上问题,要注意克服。

(2) 强化重难点音连用的训练。在多音节词语备考中,要有意识地加强平翘舌、鼻边音、前后鼻韵这些重难点音连用的训练。

(3) 词末上声要读全。① 把握上声调型。上声是一个降升调,调值为"214",发音时音高从 2 度降到 1 度再上升到 4 度。当上声位于词末时,应当读全,也就是读出明显的降升调。② 上声发音要自然。音高下降段和上扬段过渡要平滑,不要在音高下降到底时停顿,再猛然发力拉升,也不要为了音高上扬段达到 4 度而刻意收紧声带。

2. 留心语流音变,克服错误缺陷

(1) 变调——巧选词语记变调。① "一""不"变调。读"一天、一年、一晚、一日""不飞、不来、不走、不去",如果变调没有错误,那么这部分可直接过关。② 上声变调。读"每天、每年、每晚、每日",如果以上词语都读正确了,说明你已经掌握了上声变调的规律。

(2) 轻声——归类识别记轻声。① 词缀助识轻声词。常见的读轻声的后缀有"子""头""么""们"。② 归类速记轻声词。无明显标志的轻声词不到300 个,可采用归类记忆法,结合自己的生活,把这些词串成不同类别,帮助记忆。

(3) 儿化——卷舌自然读儿化。① 儿化不能单独读成 er。儿化词中的"儿"要和前面的音节合在一起,使前一音节的韵母成为卷舌韵母。② 克服儿化发音缺陷。词语训练时,先练习便于卷舌的儿化音,熟练后再练习其他的。同时要注意卷舌动作和前面的音素自然紧密地结合在一起,做到儿化发音自然。

(4) 语气词"啊"的变读——尾音到位顺势"啊"。语气词"啊"出现在词句末尾时,由于受前一音节末尾音素的影响会发生不同的音变,分别读作 ya、wa、na、nga、[z]a、ra。

3. 把握轻重格式,摈弃生硬字化

(1) 读好中重格式。掌握好轻重格式,音节不仅要有音高的变化,还要有音长的变化。普通话重音音节一般都是音长比较长,调域比较宽,调型也比较完整。所以,读好中重格式,要把处于词末的重读字音读好,发音稍微长一点,确保声调到位。

（2）问答代入法克服字化。例如，读"广播"一词，可以针对这个词提出一个问题："你在听什么呢?"回答："我在听广播。"然后重复"广播"一次。使用这种方法，让词语回到日常交流中，能帮助应试者找到读词语的语感。

4. 对照评分标准，避免无谓失分

（1）从左到右横向朗读，不漏词、不漏行、不错行。

（2）把握好读词语的速度，保持匀速，不快不慢，一词一顿。

（3）发现词语读错，可以立即改读一次，但是隔词改读或所有词语全部读完后改读无效。

（4）一个词语中如果有一个字不认识，千万不要整个词都不读，因为测评是以字为单位扣分的。建议应试者可以猜一下不认识的字的读音。

（5）看题仔细，眼快嘴慢，不慌不忙，避免将词语顺序读反。

（6）本题考完后，及时点击下一题的按钮，以免录入过多杂音，影响成绩。

三、朗读短文

该项主要测查应试者使用普通话朗读书面作品的水平，限时 4 分钟，共 30 分。在测查声、韵、调读音标准程度的同时，重点测查连读音变、停连、语调以及流畅程度。

（一）要求

从《普通话水平测试大纲》中的 50 篇朗读作品中抽取 1 篇，作为朗读项的测试题，读至双斜线"//"处停止，共 400 个音节。

一般应试者应注意字词的读音、停顿、语调要基本正确。

（二）应试技巧

1. 快看慢读，速度适中

朗读是把书面语言转换为发音规范的有声语言的过程，同时也是内心语言的外化过程。在这个过程中，眼、脑、嘴三者的配合非常重要。朗读时，我们应该采取快看慢读的方法，即眼睛要比嘴巴快 4～6 个字为宜，嘴巴与眼睛配合自然，衔接流畅，速度不快不慢，这样才能避免出现结巴、重复等"卡壳"现象。

应试者须注意，测试时一旦出现漏读或增读现象，如果不影响全句的表达，则不必改正。虽然漏读或增读一个字会扣 0.1 分，但是没有损害语句的完整性,可以继续往下读。此时如果重读一遍句子,有可能被视作不流畅,有被扣掉 0.5 分的可能。

2. 停连恰当,句子不破

应试者要把着眼点放在对全篇文章的驾驭和把握上,关注整个句子的句调,关注全句语义的完整性,朗读时不能仅仅按字读音,更不能随意停顿,割裂句意甚至造成歧义(这种现象我们称为"读破句子")。

《普通话水平测试大纲》规定,有以下两种情况的均视为停连不当:第一,停顿造成对一个双音节或多音节词语的肢解;第二,停顿造成对一句话、一段话的误解,形成歧义。停连不当,视程度扣 0.5 分(1 次)、1 分(2~3 次)、2 分(4 次以上)。

3. 克服方言,语调自然

在测试中如果出现以下 5 类情况,则被判定为存在语调偏误:(1)语流中声调有系统性缺陷;(2)语句音高的高低升降曲折等变化失当;(3)词语的轻重音格式及句重音失当;(4)语速过快、过慢或忽快忽慢,音长的变化不规范;(5)语气词带有明显的方言痕迹。如果有这几项在语调方面不规范的表现,并且重复出现,就会给人以方言语调浓重的感觉。《普通话水平测试大纲》规定:语调偏误,视程度扣 0.5 分、1 分、1.5 分、2 分。

4. 轻声、儿化,恰当自如

在朗读短文的语流中,轻声和儿化能反映出朗读的自然流畅性和口语化特点。因此,读好轻声词和儿化词显得尤为重要。

5. "啊"变正确,读音规范

语气词"啊"的变化是朗读短文项中不可忽视的内容,如果不注意,考试时会有不必要的扣分,因此应试者要读好带有语气词"啊"变的句子。

6. 熟读短文,烂熟于口

应试者要充分了解朗读不流畅的扣分规则,并熟读《普通话水平测试大纲》中规定的 50 篇作品中的每一篇朗读作品。边分析边朗读,边朗读边分析,对作品的内容有深刻的理解,正确把握语调,正确运用语气、停连、重音、节奏等表达技巧。朗读时开头要稳,不宜过快,要控制节奏。测试过程中,不要追求字音的完美,而应该重视语句的顺畅。

每篇文章至少要读 5 遍,甚至是能够背诵,只有这样,才能在训练中提高普通话的音准,培养良好的普通话语感,从而少失分。

四、命题说话

该项主要测查应试者在无文字凭借的情况下说普通话的水平,重点测查语音标准程度、词汇语法规范程度和自然流畅程度。

本教材中有"说话"题目 50 个。考生进入会场,会抽出两个题目,选择其中一个作为说话题目,围绕题目单向连续说话不少于 3 分钟,共 40 分。

(一) 样题

(1) 假日生活。

(2) 体育运动的乐趣。

(二) 要求

该项是唯一无书面材料的考题。应试者应注意以下几个问题:

(1) 认真准备,克服畏惧心理。

(2) 要注意说话的"语音标准程度",声、韵、调都很重要,但首先必须说话清楚。

(3) 说话要口语化,语调要自然,语言要连贯,尽量避免出现使用方言词汇和语言语法错误的现象。

(4) 命题说话不是"口头作文",结构、布局大体完整即可。

(5) 3 分钟的时间无论如何都要说足。工作人员叫停,方可停止说话。

(三) 应试技巧

1. 快速选题

应试者在备测时,首先需要快速选定测试时所讲的话题。选择话题要充分考虑以下几个因素:一是该话题所使用的主要表达方式自己是否擅长,如记叙描写、说明介绍、议论评说等;二是该话题涉及的范畴自己是否熟悉,如个人生活、社会现象、专业时政等;三是自己对该话题是否有较大兴趣,话题所需素材(如知识、生活经历、熟悉的场景等)是否比较丰富;四是该话题是否容易进行适当的限定,缩小话题范围并具体到某一个话题中心;五是该话题或类似话题自己是否曾经讲过。

2. 准确析题

选定话题后,就应着手进行话题分析,包括审题分类、分析题意、确立中心。审题分类,即根据涉及范畴、主要表达方式对所选话题进行归类,以便进行有针对性的准备。分析题意,即分析话题的语言意义、范围指向等。确立中心,即应试者确定说话的主旨,且能用简洁明了的语句把它表达出来,以此作为整个语言表达的统筹。

3. 有序结构

命题说话的结构宜简洁明晰,让人一听就知道各个部分、各个段落的功能是什么,开篇导入、展开扩充、分头述说、补充承续、结尾收拢等一目了然。命题说话有3分钟的时间限制,可按照2分45秒的时长来做主体结构布局,留15秒作机动时间,或补充说明,或递进述说,最后简洁明快地收尾。

4. 优选素材

命题说话的素材选取要遵循"适题、适体、适量、适时、适己"的"五适"原则。适题是指材料选取要紧扣话题中心或主旨。适体是指不同语段所使用的材料要满足其表达语体的需要,是叙述描摹、说明介绍还是议论评述,应有所区别。适量是指材料的选取量应与话题限定范围的大小相适,既不能堆砌材料,又不能缺失材料,一切以充分支撑语言内容的丰富、饱满为标准。适时是指在说话的某个阶段就选取满足这个阶段说话目的、段落功能的素材,加强选材的针对性和目的性。适己是指材料适合自己,便于快选快述。

5. 话语扩展

需要掌握"布点连线""扩句成段""对比转折""综合归纳"等话语扩展技巧,拓宽语言内容空间,延长语言表达时间。"布点"就是用关键词将说话各个层次、各个段落的核心内容概括出来,形成思维节点。"连线"则是用明晰的线索、一定的结构将这些思维节点有机地串联起来,成为说话的主干。"扩句成段",就是要用好发散思维和统摄思维,有放有收。说出某个观点或表露某种态度后,难以深入剖析或议论,可以采用对比方式,将正反两方面观点或佐证材料进行对比,然后总结概括;或者突然转折,从反向角度铺叙开来,再回转总结。"综合归纳"常用于语篇结尾,起到总结强调的作用。

6. 临场调控

测试时,要留意时间进度,当时间还剩1分钟左右时,如果展开部分的两件事、两个生活场景、两个特征、两个分论点已讲完,可以再补充一个。到剩余15秒左右时开始收拢话题,尽量保持结构内容的完整性。如果到剩余15秒时,两件事或两个生活场景还没讲完,则尽量用一两句话自然带过,迅速进入结束部分,总括一下整个说话内容。

第二章
声 母

　　熟悉普通话 21 个辅音声母的发音部位和发音方法，并准确发音。能正确掌握 3 500 个常用汉字的声母。

第一节 认识声母

一、声母的数量

普通话中辅音有 22 个,其中能作声母的有 21 个,它们是 b、p、m、f、d、t、n、l、g、k、h、j、q、x、zh、ch、sh、r、z、c、s。

二、声母的发音要领

(一) 双唇音 b、p、m

双唇音指上唇与下唇接触形成阻碍而发出的辅音,共有 3 个。如"爸爸""婆婆""妈妈"三个词的声母分别是 b、p、m,它们的发音都有一个共同点,那就是先双唇紧闭,然后积蓄气流。b 和 p 在除去阻碍时气流是从口腔中出来,它们的区别在于是否送气,b 在除去阻碍时气流较弱,p 在除去阻碍时气流较强。"妈妈"的声母 m 与 b、p 的区别是在除去阻碍时气流是从鼻腔中出来的。

(二) 唇齿音 f

唇齿音指上齿和下唇接触形成阻碍而发出的一种辅音,普通话语音中只有一个唇齿音 f。如"夫妇"一词的声母,发音时上齿轻轻接触下唇,不要紧咬,中间留有缝隙,气流从唇齿间的缝隙摩擦而出,声带不颤动。

(三) 舌尖中音 d、t、n、l

舌尖中音指舌尖接触上齿龈形成阻碍发出的辅音,共有 4 个。如"等待""天天""牛奶""历历"4 个词的声母分别是 d、t、n、l,它们发音时都是舌尖抵住上齿龈,然后积蓄气流。d 和 t 发音时,当口腔中的气流积蓄到一定程度后,舌尖迅速离开上齿龈,气流从舌尖和上齿龈中间迸发而出。d 和 t 的区别在于是否送气,d 在除去阻碍时气流较弱,t 在除去阻碍时气流较强。发 n 时,声带颤动,气流从鼻腔中出来。发 l 时,舌尖抵住上齿龈的同时,舌头两边要放松,气流从舌头两边出来,声带颤动。

（四）舌根音 g、k、h

舌根音是舌根和软腭接触或靠近形成阻碍而发出的辅音，共有 3 个。如"哥哥""苛刻""哈哈"，前两个词的声母分别是 g 和 k，它们发音时都是舌头后缩，舌根隆起接触软腭，然后积蓄气流，当气流积蓄到一定程度后，舌根迅速离开软腭，气流从舌根和软腭之间迸发而出，发音时声带不颤动。g 和 k 的区别在于是否送气，g 在除去阻碍时气流较弱，k 在除去阻碍时气流较强。h 在发音时首先舌头后缩，舌根隆起与软腭靠近，中间留缝隙，除去阻碍时气流从舌根与软腭之间的缝隙中摩擦而出，发音时声带不颤动。

（五）舌面音 j、q、x

舌面音是舌面前端抵住或靠近硬腭前部形成阻碍而发出的辅音，共有 3 个。j、q 发音时首先舌尖放松，舌面前端隆起抵住硬腭前部，然后积蓄气流，当气流积蓄到一定程度后，在舌面和硬腭互相接触的部位松开一条缝隙，气流从这条缝隙中摩擦而出，发音时声带不颤动。x 发音时首先舌尖放松，舌面前端隆起靠近硬腭前部，中间留缝隙，软腭抬起，堵住鼻腔通道，除去阻碍时气流从缝隙而出，发音时声带不颤动。

（六）舌尖后音 zh、ch、sh、r

舌尖后音是舌尖翘起与硬腭前部形成阻碍而发出的辅音，共有 4 个。zh 和 ch 发音时把舌尖翘起抵住硬腭前部，然后积蓄气流，当气流积蓄到一定程度后，在舌尖和硬腭接触的部位松开一条缝隙，气流从缝隙中摩擦而出，发音时声带不颤动。sh 和 r 发音时，舌尖翘起靠近硬腭前部，中间留缝隙，软腭抬起，堵住鼻腔通道，除去阻碍时气流从缝隙中摩擦而出。sh 和 r 的区别是清浊，sh 发音时声带不颤动，r 发音时声带颤动。

（七）舌尖前音 z、c、s

舌尖前音是舌尖与上齿背接触形成阻碍而发出的一种辅音，共有 3 个。z 和 c 发音时舌尖平伸，舌尖抵住上齿背，积蓄气流，当气流积蓄到一定程度时，舌尖和上齿背接触的部位松开一条缝隙，气流从缝隙中摩擦而出，发音时声带不颤动。z 和 c 的区别在于，z 除去阻碍时气流较弱，c 除去阻碍时气流较强。s 发音时舌尖平伸，舌尖靠近上齿背，中间留缝隙，除去阻碍时气流从缝隙中摩擦而出，发音时声带不颤动。

三、零声母

普通话中有一类音节不是以辅音开头的,而是以元音开头的,如"安(ān)""鹅(é)"等,这些以元音开头的音节,称为零声母音节。其主要分为两类:一类是以 a、o、e 开头的,如"安(ān)""恩(ēn)""欧(ōu)"。在拼写的时候,音节开头部分原来辅音声母的位置为零;发音的时候,按照韵母的读音来读。另一类是以 i、u、ü 开头的,如"衣(yī)""屋(wū)""鱼(yú)"。在拼写的时候,原来辅音声母所在的位置变为 y、w,但 y、w 不是声母,它们是起隔开音节作用的字母,这些音节在发音起始时都带有轻微的摩擦。

第二节　声　母　辨　正

一、n、l 辨正练习

【模拟场景】张明在走廊上遇到倪老师,恭恭敬敬地喊了一声"黎老师"。旁边一位老师应声走过来问道:"你找我有事吗?"张明说:"我喊的是'黎老师',不是找您。"黎老师说:"你明明是喊我,却说不是找我,怎么回事?"倪老师笑着说:"张明语音上 n 和 l 不分。"这才消除了误会。

【知识点拨】n 和 l 都是舌尖中音,它们的发音部位相同,都是浊音,唯一的不同就是 n 是鼻音,除去阻碍时气流从鼻腔中出来;l 是边音,除去阻碍时气流从口腔中舌头的两边出来。

【模拟训练】

第一组:同声母双音节词语练习。

n—n	niúnǎi 牛奶	néngnài 能耐	nínìng 泥泞	niǔniē 扭捏	nóngnú 农奴	nínào 泥淖
	nánníng 南宁	nǎinai 奶奶	nánnǚ 男女	nǎiniáng 奶娘	nèinàn 内难	
l—l	lǐlùn 理论	liúlì 流利	láolèi 劳累	línglóng 玲珑	liáoliàng 嘹亮	luóliè 罗列
	lǐnglüè 领略	liúliàn 留恋	lèlìng 勒令	lìliàng 力量	língluàn 凌乱	

第二组:不同声母双音节词语练习。

n—l	nílóng	nǎolì	nuǎnliú	nǔlì	nàiláo	niǎolóng
	尼龙	脑力	暖流	努力	耐劳	鸟笼
	niánlíng	nènlǜ	néngliàng	nénglì	nàliáng	nàlǐ
	年龄	嫩绿	能量	能力	纳凉	那里
l—n	lǎonóng	liúniàn	lànní	lìnián	luònàn	liáoníng
	老农	留念	烂泥	历年	落难	辽宁
	lǐngnán	liánnián	lièníng	liùniǎo	liúnián	língnüè
	岭南	连年	列宁	遛鸟	流年	凌虐

第三组：容易弄混的双音节词语辨正练习。

nǚkè	lǚkè	nánzǐ	lánzi	nánzhù	lánzhù	liúniàn	liúliàn
女客—	旅客	男子—	篮子	难住—	拦住	留念—	留恋

nóngzhòng	lóngzhòng	nǎonù	lǎolù	nánnǚ	lánlǚ	níbā	líba
浓重—	隆重	恼怒—	老路	男女—	褴褛	泥巴—	篱笆

第四组：四音节词语练习。

nánnéngkěguì	nánfēnnánjiě	niànniànbúwàng	lǎotàilóngzhōng
难能可贵	难分难解	念念不忘	老态龙钟

luòhuāliúshuǐ	běifēnglǐnliè	língyálìchǐ	néngzhěduōláo
落花流水	北风凛冽	伶牙俐齿	能者多劳

nìláishùnshòu	wénbǐníngliàn
逆来顺受	文笔凝练

第五组：绕口令练习。

树上有梨，地上有泥。风吹梨摇梨落地，梨摇落梨梨沾泥。

牛牛要吃河边柳，妞妞护柳要赶牛。牛牛扭头瞅妞妞，妞妞拧牛牛更牛。牛牛要顶妞妞，妞妞捡起小石头，吓得牛牛扭头溜。

娜娜拿蜡笔画腊月的蜡梅，拿哪支蜡笔画哪里的蜡梅？拿娜娜自己的红蜡笔，画娜娜家院中那红红的蜡梅。

男旅客穿蓝上衣，女旅客穿呢大衣。男旅客扶着拎篮子的老大娘，女旅客拉着拿笼子的小男孩儿。

牛郎年年恋刘娘，刘娘连连念牛郎，牛郎恋刘娘，刘娘念牛郎，郎恋娘来娘恋郎。

【实战演练】

（一）n 与 l 的生字训练

1. 声母 n

ná	nǎi	nán	nào	ní	nì	nà	nǎi	náng	nèi	ní	nì
拿	奶	南	闹	尼	逆	钠	氖	囊	内	倪	腻

nà	nài	nǎo	nèn	nǐ	niān	nǎi	nán	nǎo	néng	nǐ	zhān
捺	耐	恼	嫩	你	拈	乃	男	脑	能	拟	粘

niǎn	niáng	niè	nín	nóng	nù	niǎn	niàng	niè	níng	nóng	nuǎn
撵	娘	聂	您	农	怒	捻	酿	镍	凝	浓	暖

niǎn	niǎo	niè	niú	nóng	nuó	niàn	niē	niè	niǔ	nú	nǚ
碾	鸟	啮	牛	脓	挪	念	捏	孽	扭	奴	女

2. 声母 l

lái	léng	lián	liào	lìng	lǔ	lài	lěng	lián	liào	liú	lù
来	棱	廉	撂	另	掳	癞	冷	镰	瞭	留	路

lán	léng	liàn	lín	liú	luán	lán	lí	liàn	lín	liú	luǎn
拦	楞	练	霖	硫	峦	栏	厘	炼	磷	瘤	卵

lǎn	lí	liàn	lín	liǔ	luàn	lǎn	lí	liàn	líng	lóng	lún
览	离	恋	鳞	绺	乱	缆	犁	链	伶	龙	沦

làn	lǐ	liáng	líng	lǒng	lún	làn	lǐ	liáng	líng	lǒng	luó
烂	礼	良	凌	陇	轮	滥	鲤	梁	铃	垄	锣

láng	lì	liǎng	líng	lǒng	lǘ	láng	lì	liàng	líng	lòu	lǚ
狼	吏	两	零	拢	驴	廊	例	辆	灵	陋	吕

làng	lì	liàng	líng	lú	lǚ	láo	lián	liáo	líng	lú	lǘ
浪	隶	晾	绫	卢	旅	劳	连	辽	龄	炉	缕

léi	lián	liáo	lǐng	lǔ	lǜ	lèi	lián	liào	lǐng	lǔ	lüè
镭	帘	疗	岭	鲁	滤	类	怜	廖	领	卤	掠

3. n 与 l 的比较

nài	néng	nǐ	niáng	níng	niǔ	lài	léng	lǐ	liáng	líng	liǔ
耐	能	你	娘	凝	扭	赖	棱	李	粮	灵	柳

nán	nì	nián	niàng	nóng	nuó	lán	lì	lián	liàng	lóng	luó
男	腻	黏	酿	农	挪	兰	利	联	亮	聋	罗

nán	ní	niǎn	nín	niú	nǚ	lán	lí	liǎn	lín	liú	lǐ
南	倪	碾	您	牛	女	篮	梨	脸	邻	刘	里

(二) n 与 l 的词语训练

1. 鼻音 n

nánnǚ	niàosù	shèngnù	nánběi	niēzào	shūniǔ	nánfāng
男女	尿素	盛怒	南北	捏造	枢纽	南方

nièpán	tóunǎo	nánguā	niúpí	wéinán	nánguài	niǔqū
涅槃	头脑	南瓜	牛皮	为难	难怪	扭曲

xiānnǚ	nánshòu	nóngmín	xīnniáng	nǎojīn	nuóyòng	xiōngnú
仙女	难受	农民	新娘	脑筋	挪用	匈奴

nèiróng	nǔgōng	yǐnèi	nèiwài	nüèdài	yòunián	nèizài
内容	女工	以内	内外	虐待	幼年	内在
qùnián	zāinàn	nèizàng	rènéng	zhínéng	nènlǜ	sēngní
去年	灾难	内脏	热能	职能	嫩绿	僧尼
zhōunián	niánqīng	shàonǚ	zuìniè			
周年	年轻	少女	罪孽			

2. 边音 l

bīnlín	qiángliè	xiàlái	cáiliào	qīnlüè	xiàliè	dàliàng
濒临	强烈	下来	材料	侵略	下列	大量
quánlì	xùnliàn	èliè	ránliào	yālì	guīlǜ	rìlì
权利	训练	恶劣	燃料	压力	规律	日历
yònglì	huāliǎn	shuāilǎo	yōuliáng	jīliè	wàilì	yuánlái
用力	花脸	衰老	优良	激烈	外力	原来
lèisì	wǎnglái	zhànlüè	qīliáng	wèilái		
类似	往来	战略	凄凉	未来		

二、平翘舌音练习

【模拟场景】 刘芳正在为明天的诗文朗诵会做准备,她声情并茂地练习着:"一切都像刚睡醒的样子,欣欣然张开了眼。山朗润起来了,水涨起来了,太阳的脸红起来了……"这时,张明走进了教室,他眯着眼欣赏了一下,顾不得刘芳正沉浸在优美的散文中,大喊一声:"停!"刘芳很不高兴地说:"怎么啦?"张明说:"你的翘舌音不对,以你现在的水平明天去参加比赛,一等奖肯定与你无缘。"

【知识点拨】 z、c、s是舌尖前音,是平舌音,发音时把舌头放平,舌尖抵住上齿背;zh、ch、sh是舌尖后音,是翘舌音,发音时把舌尖向上翘起,抵住硬腭前部。

【模拟训练】

第一组:同声母双音节词语练习。

zh—zh	zhèngzhì	zhuǎnzhé	zhōngzhǐ	zhōuzhuǎn	zhùzhái	zhuāngzhòng
	政治	转折	终止	周转	住宅	庄重
	zhuīzhú	zhǔzhāng	zhīzhù	zhāozhǎn	zhànzhēng	zhèngzhòng
	追逐	主张	支柱	招展	战争	郑重
ch—ch	chūchǎn	chōuchá	chūchūn	chǎnchú	chēchuáng	chángchéng
	出产	抽查	初春	铲除	车床	长城
	chóuchú	chūchù	chíchěng	chāichuān	chuānchā	chéngchē
	踌躇	出处	驰骋	拆穿	穿插	乘车

sh—sh	shānshuǐ 山水	shēngshū 生疏	shǎnshuò 闪烁	shēnshì 身世	shēnshù 申述	shèshī 设施
	shǒushù 手术	shǎnshī 闪失	shǒushì 首饰	shǎngshí 赏识	shǎoshù 少数	shénshèng 神圣
z—z	zōngzú 宗族	zìzài 自在	zìzú 自足	zàizào 再造	zāizāng 栽赃	zǒngzé 总则
	zàngzú 藏族	zìzé 自责	zàozuò 造作	zǔzōng 祖宗	zìzūn 自尊	zǒuzú 走卒
c—c	céngcì 层次	cūcāo 粗糙	cuīcán 摧残	cāngcù 仓促	cāicè 猜测	cáncún 残存
	cēncī 参差	cāngcuì 苍翠	cuòcí 措辞	cǎocóng 草丛	cóngcǐ 从此	cōngcōng 匆匆
s—s	sōngsǎn 松散	suǒsuì 琐碎	sǎsǎo 洒扫	sīsuǒ 思索	sōusuǒ 搜索	sùsòng 诉讼
	sèsù 色素	sìsàn 四散	sānsī 三思	sòngsǐ 送死	sèsuō 瑟缩	sēngsú 僧俗

第二组：不同声母双音节词语练习。

zh—z	zhènzuò 振作	zhìzào 制造	zhǒngzú 种族	zhǔnzé 准则	zhōuzāo 周遭	zhuāngzài 装载
z—zh	zūnzhòng 尊重	zǔzhī 组织	zànzhù 赞助	zázhì 杂志	zìzhì 自治	zēngzhǎng 增长
ch—c	chúncuì 纯粹	chōngcì 冲刺	chǐcùn 尺寸	chācuò 差错	chūncán 春蚕	chuáncāng 船舱
c—ch	cāochǎng 操场	cáichǎn 财产	cùchéng 促成	cāchē 擦车	cāochí 操持	cǎochuàng 草创
sh—s	shēnsè 神色	shēnsī 深思	shàosuǒ 哨所	shōusuō 收缩	shīsàn 失散	shìsú 世俗
s—sh	sùshè 宿舍	sōngshǔ 松鼠	suànshù 算术	sāngshù 桑树	sàngshī 丧失	sǎoshè 扫射
zh—ch	zhīchí 支持	zhǔchí 主持	zhēngchéng 征程	zhuāncháng 专长		
ch—zh	chēzhàn 车站	chéngzhèn 城镇	chéngzhì 诚挚	chénzhòng 沉重		
zh—sh	zhīshi 知识	zhànshì 战士	zhíshù 植树	zhàoshè 照射		
sh—zh	shízhì 实质	shēngzhū 生猪	shúzhī 熟知	shēngzhǎng 生长		

ch—sh	chūshēng	chéngshì	chóngshàng	chāngshèng
	出生	城市	崇尚	昌盛

sh—ch	shēngchǎn	shānchéng	shēngchù	shàngchéng
	生产	山城	牲畜	上乘

z—c	zǎocāo	zácǎo	zàocì	zōngcí
	早操	杂草	造次	宗祠

c—z	cúnzài	cāozòng	cuòzōng	cáozá
	存在	操纵	错综	嘈杂

z—s	zìsì	zàisān	zúsuì	zàngsòng
	恣肆	再三	足岁	葬送

s—z	sùzào	sèzé	sīzì	sǎngzi
	塑造	色泽	私自	嗓子

c—s	cǎisè	cánsī	cūsú	cèsuàn
	彩色	蚕丝	粗俗	测算

s—c	sècǎi	sòngcí	sūcuì	suícóng
	色彩	宋词	酥脆	随从

第三组：容易相混的双音节词语练习。

zhāihuā zāihuā	zhǔlì zǔlì	zhàojiù zàojiù	zhīyuán zīyuán
摘花—栽花	主力—阻力	照旧—造就	支援—资源

zhájì zájì	tuīchí tuīcí	chūbù cūbù	yúchì yúcì
札记—杂技	推迟—推辞	初步—粗布	鱼翅—鱼刺

mùchái mùcái	shānjiǎo sānjiǎo	shìshí sìshí	shǎnguāng sǎnguāng
木柴—木材	山脚—三角	事实—四十	闪光—散光

shōují sōují	shāngyè sāngyè	shāizi sāizi	
收集—搜集	商业—桑叶	筛子—塞子	

第四组：四音节词语练习。

zhǐchǐtiānyá	xiōngyǒuchéngzhú	chéngshàngqǐxià	chìdǎnzhōngxīn
咫尺天涯	胸有成竹	承上启下	赤胆忠心

chóuméibùzhǎn	shíshìqiúshì	shìrúpòzhú	chēshuǐmǎlóng
愁眉不展	实事求是	势如破竹	车水马龙

cānghǎisāngtián	zàijiēzàilì	cuòzōngfùzá	zìzuòzìshòu
沧海桑田	再接再厉	错综复杂	自作自受

zīzībújuàn	zìzuòcōngmíng	cānghǎiyísù	suíxīnsuǒyù
孜孜不倦	自作聪明	沧海一粟	随心所欲

cūzhìlànzào	cùncǎochūnhuī	chuítóusàngqì	sǔnrénlìjǐ
粗制滥造	寸草春晖	垂头丧气	损人利己

zuòchīshānkōng　　shēngsǐcúnwáng
坐吃山空　　　　生死存亡

第五组：绕口令练习。

我往窗上糊字纸，你在窗外撕字纸。横着撕字纸，竖着撕字纸，撕下四十四条湿字纸。

知道说知道，不知道说不知道。不要知道说不知道，也不要不知道说知道。说话要老老实实，办事一定要实事求是。

爬来爬去的是蚕，飞来飞去的是蝉。蚕常在叶里藏，蝉藏在林里唱。

紫瓷盘，盛鱼翅。一盘生鱼翅，一盘熟鱼翅。迟少池拿了一把瓷汤匙，要吃清蒸美鱼翅。一口鱼翅刚到嘴，鱼刺刺进齿缝里，疼得少池拍腿挠牙齿。

史老师，讲事实，常学时事长知识。时事学习看报纸，报纸登的是时事。常看报纸要多思，心里装着天下事。

【实战演练】

（一）zh、ch、sh 与 z、c、s 的生字训练

1. 声母 zh

zhá	zhà	zhān	zhāo	zhé	zhēn	zhà	zhài	zhāng	zhào	zhè	zhèn
铡	乍	沾	昭	辙	针	榨	寨	张	赵	蔗	阵

zhěng	zhǐ	zhōu	zhù	zhuàn	zhuì	zhèng	zhì	zhōu	zhù	zhuāng	zhuì
整	止	舟	住	篆	缀	政	制	洲	注	妆	赘

zhī	zhì	zhòu	zhuā	zhuī	zhǔn	zhī	zhōng	zhù	zhuān	zhuī
支	治	皱	抓	追	准	知	盅	铸	砖	锥

2. 声母 ch

chā	chāo	chēn	chéng	chǒu	chuí	chá	chāo	chén	chéng	chū	chuí
插	抄	抻	城	丑	垂	茬	钞	晨	程	初	锤

chá	chāo	chén	chī	chuài	chuí	chà	cháo	chèn	chí	chuāng	chún
茶	超	陈	嗤	踹	捶	岔	潮	趁	池	疮	纯

cháng	chě	chèn	chōng	chuāng	chún	cháng	chè	chéng	chóng	chuī	chuō
肠	扯	衬	春	窗	唇	尝	撤	橙	虫	吹	戳

3. 声母 sh

shā	shāo	shēng	shǐ	shǔ	shuān	shā	shé	shēng	shì	shū	shuāng
沙	梢	笙	始	蜀	栓	纱	蛇	升	市	疏	霜

shā	shè	shī	shì	shuā	shuì	shài	shè	shí	shì	shuǎ	shùn
砂	麝	湿	示	刷	睡	晒	赦	食	势	耍	舜

shàn	shēn	shí	shì	shuāi	shuò	shàn	shèn	shǐ	shū	shuǎi
膳	伸	十	试	摔	硕	善	慎	史	梳	甩

4. 声母 z

zā	zāo	zèng	zōng	zú	zuǒ	zāi	zǎo	zì	zòng	zú	zuò
咂	糟	赠	棕	卒	佐	栽	藻	字	纵	族	做

zǎi	zè	zōng	zǒu	zǔ	zuǐ	zài	zēng	zōng	zū	zūn	zuì
崽	仄	鬃	走	阻	嘴	再	增	综	租	遵	罪

zài	zēng	zōng	zú	zūn
在	憎	踪	足	尊

5. 声母 c

cái	cǎi	cāng	cí	còu	cuǐ	cái	cáo	cè	cì	cū	cuò
财	彩	舱	磁	凑	璀	裁	槽	测	赐	粗	锉

cǎi	cǎo	cèng	cōng	cù	cuàn
睬	草	蹭	葱	簇	窜

6. 声母 s

sǎ	sǎng	sōng	sù	suàn	suí	sāi	sè	sǒng	sù	suō	suì
洒	嗓	松	诉	蒜	隋	鳃	瑟	耸	塑	缩	碎

sài	sēn	sòng	sù	suǒ	suì	sāo	sì	sòng	sōu	suǒ	sūn
赛	森	宋	素	锁	穗	骚	四	讼	搜	索	孙

sāo	sì	sū	suān	suí	sǔn
搔	饲	苏	酸	绥	笋

7. zh、ch、sh 与 z、c、s 比较

zhāng	zhǒng	chǎo	chí	chuān	shì	zāng	zǒng	cǎo	cí	cuān	sì
张	种	炒	迟	川	是	脏	总	草	雌	蹿	四

zhàng	zhuì	cháo	chū	shāi	shī	zàng	zuì	cáo	cū	sāi	sī
丈	坠	巢	出	筛	诗	葬	最	曹	粗	腮	丝

zhì	zhuàn	chái	chù	shān	shǔn	zì	zuàn	cái	cù	sān	sǔn
志	赚	柴	处	山	吮	自	攥	材	促	三	损

zhī	zhǔ	chè	chūn	shǎn	shū	zī	zǔ	cè	cūn	sǎn	sū
枝	主	彻	春	陕	书	资	组	策	村	伞	酥

zhěn	chán	chéng	chuī	shāng	shuā	zěn	cán	céng	cuī	sāng	suàn
诊	蝉	呈	吹	商	涮	怎	蚕	层	催	桑	算

(二) zh、ch、sh 与 z、c、s 的词语训练

1. 声母 zh

ànzhào	péizhí	zhéxué	qiānzhì	zhèxiē	báizhòu	ànzhōng
按照	培植	哲学	牵制	这些	白昼	暗中

qīnzhàn	zhēnchá	tiānzhēn	zhěnsuǒ	bàozhà	tīngzhòng	bāozhuāng
侵占	侦察	天真	诊所	爆炸	听众	包装
zhěnglǐ	biāozhì	wénzhāng	zhěngxiū	cáizhèng	zhèngcè	xióngzhuàng
整理	标志	文章	整修	财政	政策	雄壮
dàzhàn	xuézhě	dǎngzhāng	yǐzhì	zhèngzhì	dìzhì	zhèngcháng
大战	学者	党章	以致	政治	地质	正常
zhàpiàn	zhīchí	fánzhí	zhàqǔ	zhīqián	zhànyòng	guāngzhào
诈骗	支持	繁殖	榨取	之前	占用	光照
zhíjiē	jiāzhǎng	zhígōng	jiàzhí	zhàokāi	zhíwù	zhāngtiē
直接	家长	职工	价值	召开	职务	张贴
jiǎnzhí	zhàoliào	zhíwù	zhàopiàn	zhǐhǎo	kǔzhōng	kuòzhāng
简直	照料	植物	照片	只好	苦衷	扩张
zhàoshè	zhìjīn	línzhōng	zhìliàng	lùzhōu	zhàoyàng	zhàoxiàng
照射	至今	临终	质量	绿洲	照样	照相
zhōngwài	zhédié	zhōngyú	mínzhòng	mínzhǔ	zhōngbiǎo	zhéguāng
中外	折叠	终于	民众	民主	钟表	折光
zhòngliàng	zhuānmén	zhōuzhuǎn	zhuānyòng	zhǔtǐ	zhuāngbèi	zhuàngkuàng
重量	专门	周转	专用	主体	装备	状况
zhuājǐn	zhuǎnbō	zhuīqiú	zhuānjiā	zhuǎnjiāo	zhuàngtài	zhuānzhèng
抓紧	转播	追求	专家	转交	状态	专政
zhuóyuè						
卓越						

2. 声母 ch

chénmò	guānchá	chuánbō	āichóu	chuāngbā	kūnchóng	chōngshuā
沉默	观察	传播	哀愁	疮疤	昆虫	冲刷
chìzé	zhēnchá	chuántái	zǎochūn	chuàngzuò	bǔcháng	chàngkuài
斥责	侦查	船台	早春	创作	补偿	畅快
chíxù	chāoguò	chuǎnxī	cháotíng	chuàngxīn	tiánchōng	chuànlián
持续	超过	喘息	朝廷	创新	填充	串联
mǎchē	chóubèi	guànchè	gāocháo	chuàngbàn	chūnguāng	chéngshòu
马车	筹备	贯彻	高潮	创办	春光	承受
chīfàn	chuīzòu	chāoé	liúchuán	chuàngzào	chóngshàng	wángcháo
吃饭	吹奏	超额	流传	创造	崇尚	王朝
páichì	kānchá	chuíwēi	hécháng	chéngwéi	gōngchǎng	chénzhuó
排斥	勘察	垂危	何尝	成为	工厂	沉着
chídào	wéichí	jiānchí	fēicháng	chéngjiù	tōngcháng	chúnzhēn
迟到	维持	坚持	非常	成就	通常	纯真

wēnchā	huǒchē	chǎojià	péicháng	chuánshuō	dòngchuāng	chūntiān
温差	火车	吵架	赔偿	传说	冻疮	春天

chāé	jiāchù	chóuhèn	zàichǎng
差额	家畜	仇恨	在场

3. 声母 sh

bóshì	gāoshàng	jūnshì	diūshī	gōngshì	kāishè	fāshāo
博士	高尚	军事	丢失	公式	开设	发烧

guàshuài	lìshǐ	fàngshè	guānshǎng	liángshuǎng	fēngshuò	háoshuǎng
挂帅	历史	放射	观赏	凉爽	丰硕	豪爽

miáoshù	gānshè	jíshí	nàshuì	gǎnshāng	jiàoshī	pāishè
描述	干涉	及时	纳税	感伤	教师	拍摄

pēnshè	shēnbiān	shùliàng	pòshǐ	shēnfèn	shuāxīn	qīngshuài
喷射	身边	数量	迫使	身份	刷新	轻率

shēnhòu	shuāibài	qūshì	shēncéng	shuāijié	quánshēn	shēnhòu
身后	衰败	趋势	深层	衰竭	全身	深厚

shuāijiāo	quèshí	shēnhuà	shuāngfāng	sàngshī	shēnkè	shuāngqīn
摔跤	确实	深化	双方	丧失	深刻	双亲

shāhài	shèntòu	shuāngdòng	shāchén	shēngchǎn	shuāngqī	shāfā
杀害	渗透	霜冻	沙尘	生产	霜期	沙发

shēngzhǎng	shuǐzāi	shāmò	shīqù	shùnshǒu	shǎguā	shíyóu
生长	水灾	沙漠	失去	顺手	傻瓜	石油

shuōhuà	shānchuān	shíguāng	tuìshǒu	shànliáng	shíyòng	wánshàn
说话	山川	时光	退守	善良	实用	完善

shānghài	shíyòng	wánshuǎ	shāngbiāo	shǐyòng	xiéshāng	shàngbān
伤害	食用	玩耍	商标	使用	协商	上班

shìjì	xùshù	shàngkè	shìyòng	xuéshù	shàngkōng	shōucáng
世纪	叙述	上课	适用	学术	上空	收藏

xuéshuō	shàngxià	shōugòu	yòushǒu	shèbèi	shōuhuí	yùnshū
学说	上下	收购	右手	设备	收回	运输

shèshī	shǒudū	zāoshòu	shèhuì	shòuruò
设施	首都	遭受	社会	瘦弱

4. 声母 z

dàozéi	tóuzī	zòngduì	dòngzuò	wàizài	zūyòng	fāzuò
盗贼	投资	纵队	动作	外在	租用	发作

xiézuò	zuìè	fánzá	zāipéi	zūnshǒu	fànzuì	zàntàn
协作	罪恶	繁杂	栽培	遵守	犯罪	赞叹

zūnzhào	gānzào	zǎohūn	zuótiān	gānzàng	zéguài	zuòè
遵照	干燥	早婚	昨天	肝脏	责怪	作恶
gōngzuò	zīgé	zuòguài	gòuzào	zōnghé	zuòjiā	guāngzé
工作	资格	作怪	构造	综合	作家	光泽
zǒngguī	zuòyòng	guīzé	zǒngjié	zuòzhàn	mínzú	zǒngzhī
总归	作用	规则	总结	作战	民族	总之

5. 声母 c

cānguān	cāobàn	gāncuì	cānjiā	cāozòng	gāngcái	cānsài
参观	操办	干脆	参加	操纵	刚才	参赛
cāozuò	juécè	cāngsāng	cuòbài	pīncòu	cāngbái	cuòshāng
操作	决策	沧桑	挫败	拼凑	苍白	挫伤
qícì	cuòzhé	yīncǐ				
其次	挫折	因此				

6. 声母 s

fósì	hóngsè	báisè	gēnsuí	fěnsuì	àosàng	huángsè
佛寺	红色	白色	跟随	粉碎	懊丧	黄色
huīsè	huósāi	sècǎi	sēnlín	kuòsàn	sāshǒu	xiāngsì
灰色	活塞	色彩	森林	扩散	撒手	相似
kuàisù	sīrén	mínsú	sīsuǒ	sōuguā	sīxiǎng	gōngsī
快速	私人	民俗	思索	搜刮	思想	公司
lèisì	sīwéi	tiěsī	wànsuì	sōuchá	sàichǎng	sòngbié
类似	思维	铁丝	万岁	搜查	赛场	送别
sìzhōu	sìhū	yánsè	jiāsù	sìliào		
四周	似乎	颜色	加速	饲料		

三、零声母练习

【模拟场景】向华正在教室做语文作业,李敏满头大汗地跑进教室一看,知道自己的作业也还没有完成,就和向华一起做作业。等李敏做完后,向华一看就哈哈大笑。李敏不知道他笑什么,准备发脾气。向华告诉她:"'扼要'的拼音应该是'è yào',而不是'è iào'。因为'扼要'是零声母音节,'要'没有声母,应该把韵母'iào'写成'yào'。"李敏这才知道,并要向华告诉自己零声母的有关知识。

【知识点拨】零声母音节是无辅音声母音节,是以元音开头的,发音时开口就发元音。以 i、u、ü 开头的零声母音节在发音的起始阶段带有和开头元音同部位的轻微摩擦。以 u 开头的零声母音节,在发音时,上齿不要接触下齿。

【模拟训练】

第一组:词语发音练习。

āyí 阿姨	āiyuàn 哀怨	àoàn 傲岸	ānwěn 安稳	ànyǔ 按语	ángyáng 昂扬
ǒuěr 偶尔	ōuyáng 欧阳	ǒufěn 藕粉	ōuyín 讴吟	òuféi 沤肥	ǒutù 呕吐
ēyú 阿谀	éwài 额外	èyào 扼要	éryǐ 而已	ēnyuàn 恩怨	ěrwén 耳闻
yāyùn 押韵	yóuwán 游玩	yānǎi 烟霭	yāoyuē 邀约	yànwù 厌恶	yíngyǎng 营养
wàiwéi 外围	wǎnyuē 婉约	wēiwàng 威望	wúyín 无垠	wénwù 文物	wěngyù 蓊郁
yǒngyuǎn 永远	yǔyán 语言	yuànwàng 愿望	yuèyùn 月晕	yúnyān 云烟	yuèwèi 越位

第二组:绕口令练习。

我是我,鹅是鹅,我不是鹅,鹅不是我。鹅肚饿,我喂鹅,我爱鹅,鹅亲我。

初一一根线,初二眼看见,初三初四蛾眉月,十五十六大团圆。

宽宽一条河,河上游鸭鹅。鸭鹅伸长脖,各唱各的歌。

水上浮着一只鹅,水下游着一条鱼。白白的鹅,银色的鱼,鹅咬住鱼的尾巴,鱼张开它的嘴巴。

【实战演练】

ānwěn 安稳	láiyuán 来源	túàn 图案	ángyáng 昂扬	lìyòng 利用	wàiyǔ 外语	dìngé 定额
měiyuán 美元	wēié 巍峨	dōngōu 东欧	wōliú 涡流	dòngyuán 动员	mùǒu 木偶	wōniú 蜗牛
èhuà 恶化	néngyuán 能源	xiōngè 凶恶	értóng 儿童	ōugē 讴歌	yāpò 压迫	érqiě 而且
péiyù 培育	yīnér 因而	fùyōng 附庸	pǐnwèi 品味	yōngdài 拥戴	gāoáng 高昂	qūyù 区域
yōnghù 拥护	gāoào 高傲	ràngwèi 让位	yònghù 用户	gāoyuán 高原	rèài 热爱	yòngtú 用途

gōngyòng	rìyè	yóuyú	gōngyuán	rìyì	yóuyù	huáiyùn
功用	日夜	由于	公元	日益	犹豫	怀孕
rìyòng	yúshì	jīáng	shānào	yúkuài	jiāoào	shēnào
日用	于是	激昂	山坳	愉快	骄傲	深奥
yùcè	jièyòng	tiāné	yùnyòng	jūnyòng	tōngyòng	zǒngé
预测	借用	天鹅	运用	军用	通用	总额

第三章
韵 母

  掌握普通话 39 个韵母的发音要领，并能准确发音。
能正确掌握 3 500 个常用汉字的韵母。

第一节　认　识　韵　母

一、韵母的数量

普通话中韵母共有 39 个。

单元音韵母共 10 个：a、o、e、i、u、ü、ê、-i(前)、-i(后)、er。

复元音韵母有 13 个：ai、ei、ao、ou、ia、ie、ua、uo、üe(二合复元音韵母)、iao、iou、uai、uei(三合复元音韵母)。

鼻韵母有 16 个：an、en、ian、in、uan、uen、üan、ün(前鼻韵母)，ang、eng、ong、iang、ing、iong、uang、ueng(后鼻韵母)。

二、韵母的发音要领

(一) 单元音韵母

a 发音时口大开，可以在前(前 a)，发音靠前；可以在后(后 a)，发音靠后；也可以在中央(中 a)，发音居中。

o 和 e 都是后、半高元音，区别在于 o 圆唇、e 不圆唇。ê 不单独运用，在发音时开口度比 e 稍大。

i、u、ü 都是高元音，区别在于 ü 圆唇、i 不圆唇。u 在发音时，唇形保持拢圆状态，舌头位置是先后再前，发音时能明显感觉到舌头在口腔中由后向前的变化。

-i(前)、-i(后)都是高元音、不圆唇元音。-i(前)只能与 z、c、s 相拼，-i(后)只能与 zh、ch、sh、r 相拼。

er 在发音时先把舌头放在口腔中央，不前不后，不高不低，在发 e 的同时卷舌。

(二) 复元音韵母

ai、ei、ao、ou 中的前一个元音是韵腹，后一个元音是韵尾。在发音时由韵腹的发音逐渐向韵尾的发音过渡，整个发音过程中口腔由大变小，声音由洪亮逐渐轻弱，韵尾的发音轻弱、模糊。

ia、ie、ua、uo、üe 中的前一个元音是韵头，后一个元音是韵腹。在发音时由韵头迅速过渡到韵腹上,整个发音过程中,口腔迅速由小变大,韵头的发音非常短暂,韵腹的发音响亮、清晰、稳定。

iao、iou、uai、uei 这 4 个复元音韵母中间的元音是韵腹,前面的元音是韵头,韵腹后面的元音是韵尾。在发音时,由韵头的发音迅速过渡到韵腹上,韵腹发音响亮、清晰,然后逐渐过渡到韵尾的发音上,声音逐渐轻弱。

(三) 鼻韵母

前鼻韵母在发音时,先发元音,再发鼻音,由元音逐渐向鼻音过渡,不可将元音和鼻音合并成鼻化音发出。后鼻韵母发音基本与前鼻韵母相同。在发音时,用舌根抵住软腭,气流自鼻腔出来时停止发音。

第二节 韵 母 辨 正

一、前后鼻音辨正练习

【模拟场景】普通话课上,老师在黑板上写了两个词:"金星"和"精心"。全班学生在读的时候除了少数几个学生读音正确外,其他学生将两个词都读成了"金心"。老师又写了两个词:"开饭"和"开放",这次大多数学生都读对了。这个读音问题主要是前后鼻音发音不清。

【知识点拨】前后鼻音不分主要是 en 与 eng、in 与 ing 不分,通常是把后鼻音读成前鼻音。前鼻音发音时,动程较短,舌位向前高的位置滑动,一直到发舌尖辅音 n 的位置,点到即止。后鼻音发音时,动程较长,舌位向后高的位置滑动,一直到发舌根音 ng 的位置,点到即止。

【模拟训练】

第一组:同韵母双音节词语练习。

shēnchén 深沉	zhènfèn 振奋	chénmèn 沉闷	rènzhēn 认真	gēnběn 根本	fènhèn 愤恨	rénshēn 人参
běnrén 本人	shěnshěn 婶婶	běnfèn 本分	ménzhěn 门诊	fēnshén 分神	bīnlín 濒临	qīnjìn 亲近
pīnyīn 拼音	qīnxìn 亲信	mínxīn 民心	jìnqīn 近亲	yīnqín 殷勤	yīnxìn 音信	xīnqín 辛勤

línjìn 邻近	pínmín 贫民	xìnxīn 信心	chěngnéng 逞能	fēngzhēng 风筝	fēngshèng 丰盛	shēngchéng 生成
gènglěng 更冷	dēngchéng 登程	chéngfēng 乘风	měngzēng 猛增	gēngshēng 更生	zhēngchéng 征程	fēngshēng 风声
péngchéng 鹏程	níngjìng 宁静	píngdìng 评定	qīngtīng 倾听	jīngyíng 经营	míngxīng 明星	yīngmíng 英明
qíngjǐng 情景	míngjìng 明净	xìngmíng 姓名	dìngxìng 定性	mìnglìng 命令	qìngxìng 庆幸	

第二组：不同韵母双音节词语练习。

zhēnzhèng 真正	shénshèng 神圣	běnnéng 本能	zhēnchéng 真诚	wénfēng 文风	rénshēng 人生	féngrèn 缝纫
chéngrèn 承认	chéngběn 成本	chéngzhèn 城镇	néngrén 能人	chéngkěn 诚恳	mínjǐng 民警	xīnxīng 新兴
jìnxíng 进行	jīnxīng 金星	yínxìng 银杏	xīnlíng 心灵	xíngjìn 行进	qīngxīn 清新	yǐngyìn 影印
língmǐn 灵敏	dìngjīn 定金	tǐngjìn 挺近	chénjìn 沉浸	rénxìng 人性	shēnqǐng 申请	dēngxīn 灯芯
héngxīn 恒心	shēngyìng 生硬	jīnzhēn 金针	jìnshēng 晋升	ménlíng 门铃	qīngzhēn 清真	tǐngshēn 挺身
yíngshēng 营生						

第三组：容易混淆的双音节词语练习。

ménjìn ménjìng 门禁—门径	shēnchén shēngchéng 深沉—生成	rénshēn rénshēng 人参—人生
shēnmíng shēngmíng 申明—声明	chénjiù chéngjiù 陈旧—成就	shìzhèn shìzhèng 市镇—市政
guāfēn guāfēng 瓜分—刮风	dàpén dàpéng 大盆—大棚	xìngchén xìngchéng 姓陈—姓程
chényín chéngyíng 沉吟—澄莹	rénmín rénmíng 人民—人名	qīnjìn qīngjìng 亲近—清净
jīnyú jīngyú 金鱼—鲸鱼	jīnxīng jīngxīn 金星—精心	xìnfú xìngfú 信服—幸福
qīnmín qīngmíng 亲民—清明	mínshēng míngshēng 民生—名声	qīnshēng qīngshēng 亲生—轻生
xīnlíng xìnglíng 心灵—性灵	xīnqín xīnqíng 辛勤—心情	

第四组：四音节词语练习。

fēnmiǎobìzhēng 分秒必争	shēnlínqíjìng 身临其境	shēnbàimíngliè 身败名裂	shèngqìlíngrén 盛气凌人
zhēnfēngxiāngduì 针锋相对	zhēnpíngshíjù 真凭实据	bīngqīngyùjié 冰清玉洁	fēngpínglàngjìng 风平浪静
dēngfēngzàojí 登峰造极	fēngshēnghèlì 风声鹤唳	héngzhēngbàoliǎn 横征暴敛	mènghuànpàoyǐng 梦幻泡影
jīnpílìjìn 筋疲力尽	línzhènmóqiāng 临阵磨枪	yǐnrénrùshèng 引人入胜	yǐnxìngmáimíng 隐姓埋名
xīnshénbúdìng 心神不定	lìngxíngjìnzhǐ 令行禁止	jīnggēngxìzuò 精耕细作	jīngyìqiújīng 精益求精
píngyìjìnrén 平易近人	píngshuǐxiāngféng 萍水相逢	bīngguìshénsù 兵贵神速	

第五组：前后鼻音双音节词语练习。

cànlàn 灿烂	hànshān 汗衫	tánpàn 谈判	piànmiàn 片面	qiánxiàn 前线	jiǎnbiàn 简便
wǎnzhuǎn 婉转	guànchuān 贯穿	zhuānduàn 专断	kūnlún 昆仑	chūnsǔn 春笋	wēnshùn 温顺
yuánquán 源泉	yuānyuán 渊源	yuánquān 圆圈	jūnxùn 军训	jūnyún 均匀	qúnzhòng 群众
cāngsāng 沧桑	chǎngfáng 厂房	bāngmáng 帮忙	gōngnóng 工农	lóngzhòng 隆重	kōngdòng 空洞
xiǎngliàng 响亮	xiǎngxiàng 想象	yángxiàng 洋相	xiōngyǒng 汹涌	qióngxiōng 穷凶	jiǒngjiǒng 炯炯
zhuàngkuàng 状况	kuángwàng 狂妄	zhuānghuáng 装潢	lǎowēng 老翁	shuǐwèng 水瓮	wèngcài 蕹菜
zhànchǎng 战场	fǎnkàng 反抗	gāngbǎn 钢板	tángshān 唐山	duānzhuāng 端庄	guānguāng 观光

第六组：绕口令练习。

地上一个棚，棚上一个盆。风吹棚，棚晃盆，盆碰棚。棚倒了，盆打了。是棚赔盆还是盆赔棚。

高高山上一根藤，青青藤条挂金铃。风吹藤动金铃响，风停藤静铃不鸣。

姓陈不能说成姓程，姓程也不能说成姓陈。禾木是程，耳东是陈。如果陈程不分，就会认错人。

同姓不能念成通信，通信不能念成同姓。同姓可以互相通信，通信的不一定是同姓。

山上满山灯,天上满天星。天上星照山上灯,山上灯照天上星。星照灯,灯照星,是灯是星难分清。

长扁担,短扁担,长扁担比短扁担长半扁担,短扁担比长扁担短半扁担。长扁担放在短板凳上,短扁担放在长板凳上。长板凳放不住比长扁担短半扁担的短扁担,短板凳也放不住比短扁担长半扁担的长扁担。

城隍庙里俩判官,左边是潘判官,右边是庞判官,不知是潘判官管庞判官,还是庞判官管潘判官。

一泓清水灌青葱,清水清清葱青青,青葱灌水葱茂盛,清水灌葱葱青葱。

【实战演练】

（一）韵母 in、ing、en、eng 的生字训练

1. 韵母 in

bīn	jīn	jǐn	qín	xīn	yín	mǐn	jīn	jǐn	qín	xīn	yǐn
滨	巾	仅	噙	薪	寅	皿	今	谨	勤	馨	尹

mǐn	jīn	jǐn	qín	xìn	yǐn	mǐn	jīn	jìn	xīn	yīn	yǐn
抿	金	锦	擒	信	隐	闽	津	晋	辛	音	饮

mǐn	jīn	qín	xīn	yín	yìn
敏	筋	禽	锌	吟	印

2. 韵母 ing

mìng	míng	dǐng	tíng	jīng	xíng	bǐng	míng	dìng	tǐng	jìng	xìng
命	名	鼎	停	鲸	型	丙	鸣	定	挺	径	姓

bǐng	míng	dìng	tǐng	jìng	xìng	píng	jǐng	dìng	jīng	qīng	yíng
柄	铭	订	艇	敬	幸	评	井	锭	荆	卿	迎

píng	dīng	tīng	jīng	qīng	yíng	píng	dīng	tīng	jīng	qǐng	yíng
坪	丁	厅	惊	清	盈	瓶	叮	听	晶	顷	萤

píng	dīng	tíng	qíng	qìng	yíng	píng	dǐng	tíng	jīng	xíng	yíng
萍	盯	廷	晴	磬	蝇	平	顶	亭	精	邢	赢

3. 韵母 en

běn	fèn	kěn	zhēn	chēn	chén	běn	fèn	kěn	zhēn	chén	chèn
本	份	垦	斟	抻	尘	苯	愤	啃	臻	臣	趁

pēn	fèn	hěn	zhěn	chén	mén	dèn	hěn	zhèn	chén	fēn	kěn
喷	粪	很	枕	沉	门	扽	狠	镇	辰	酚	肯

hèn	zhèn	chén
恨	震	忱

4. 韵母 eng

bēng	bèng	péng	péng	mèng	fēng	bèng	péng	péng	méng	fēng	fēng
崩	蹦	硼	篷	孟	疯	迸	彭	蓬	盟	封	峰

fēng	dēng	dèng	téng	gěng	zhēng	fēng	dēng	dèng	gěng	zhēng	fēng
锋	灯	邓	藤	耿	征	蜂	登	凳	梗	蒸	枫

dēng	dèng	gēng	kēng	zhèng	fēng	děng	téng	gěng	héng	zèng
蹬	瞪	庚	坑	证	风	等	疼	埂	衡	赠

5. en 与 eng 比较

bèn	fēng	gēn	zhēng	chén	shéng	bèng	fén	gēng	zhēn	chéng	shèn
笨	风	跟	争	尘	绳	泵	焚	耕	真	承	肾

pén	féng	hén	zhēng	shēn	shèng	péng	gēn	héng	zhèn	shēng	shēn
盆	逢	痕	睁	身	圣	棚	根	恒	振	生	砷

fēn	gēng	zhēn	zhèng	shén	shēng
氛	羹	珍	郑	神	声

(二) 韵尾 n、ng 的词语训练

1. 韵尾 n

bànsuí	gēnqián	jiǎogēn	bīnlín	guìbīn	jūnrén	ēnrén
伴随	跟前	脚跟	濒临	贵宾	军人	恩人

guómín	kāikěn	gēnjù	hěnxīn	láibīn	láilín	qiānwǎ
国民	开垦	根据	狠心	来宾	来临	千瓦

quánmiàn	miànlín	qiānguà	qúnluò	míngē	qiánkūn	qúntǐ
全面	面临	牵挂	群落	民歌	乾坤	群体

piànkè	qiǎnxiǎn	shíjiàn	piànmiàn	qiáojuàn	shūjuàn	pínhán
片刻	浅显	实践	片面	侨眷	书卷	贫寒

qīnqiè	shuāibiàn	pínkùn	quāntào	zhēnguì	pínlǜ	quánbù
亲切	衰变	贫困	圈套	珍贵	频率	全部

zhènyā	pǐndé	quánjú	zhuǎnwān
镇压	品德	全局	转弯

2. 韵尾 ng

ángguì	gēngzuò	kuànggōng	bāngmáng	gòngmíng	lǐngxiù	bàomíng
昂贵	耕作	旷工	帮忙	共鸣	领袖	报名

gòuchéng	lìngwài	bēngkuì	guāngmíng	liúxíng	bìngyòng	guǎngchǎng
构成	另外	崩溃	光明	流行	并用	广场

lǚxíng	bìngrén	guìxìng	méngfā	bōfēng	hébìng	míngchēng
履行	病人	贵姓	萌发	波峰	合并	名称

cáinéng 才能	hépíng 和平	míngcí 名词	cāngqióng 苍穹	héngsǎo 横扫	mìnglìng 命令	chángchéng 长城
héngliáng 衡量	mìngtí 命题	chéngchóng 成虫	huāpíng 花瓶	móxíng 模型	chéngmíng 成名	huāshēng 花生
néngliàng 能量	chéngxù 程序	huīhuáng 辉煌	pángtīng 旁听	dēngguāng 灯光	huǒkēng 火坑	píngxíng 平行
dìcéng 地层	jiātíng 家庭	píngyuán 平原	dìnglǜ 定律	jiāxiāng 家乡	píngjià 评价	dōngfāng 东方
jīngfèi 经费	qiángdù 强度	fǎnqīng 返青	jìngsài 竞赛	qīngwā 青蛙	fàngsōng 放松	jìngjiè 境界
qīngkuài 轻快	fēixíng 飞行	juédìng 决定	qīngmiè 轻蔑	fèiténg 沸腾	juédìngxìng 决定性	qíngcāo 情操
fēngshèng 丰盛	kètīng 客厅	qínghuái 情怀	fójīng 佛经	kèchéng 课程	qíngkuàng 情况	gémìng 革命
kuàitǐng 快艇	qǐngqiú 请求	qūxiàng 趋向	tīnghuà 听话	yíngyǎng 营养	quèdìng 确定	tǐngbá 挺拔
yìngyòng 应用	réngjiù 仍旧	tóngqíng 同情	zēngduō 增多	sēnglǚ 僧侣	tòumíng 透明	zēnggāo 增高
shàngcéng 上层	wàishěng 外省	zēngjiā 增加	shàngshēng 上升	wàngshèng 旺盛	zēngqiáng 增强	shēngqì 生气
wèishēng 卫生	zhàng'ài 障碍	shēngmíng 声明	wèicéng 未曾	zhàomíng 照明	shuàilǐng 率领	xǐqìng 喜庆
zhēngfā 蒸发	shuōmíng 说明	xiàděng 下等	zhěnggè 整个	tàipíng 太平	xiàngzhēng 象征	zhèngmíng 证明
tèzhēng 特征	xíngzǒu 行走	zhèngdǎng 政党	téngtòng 疼痛	yěshēng 野生	zhèngzhuàng 症状	tiáozhěng 调整
yīngxióng 英雄	zǒngchēng 总称	tiěqīng 铁青	yīngyǒng 英勇	zuòmèng 做梦		

3. n、ng 混读

àngrán 盎然	jūnyíng 军营	réngrán 仍然	bàngwǎn 傍晚	kěnhuāng 垦荒	shānfēng 山峰	biàngēng 变更
kǒnglóng 恐龙	shāngyuán 伤员	cángshēn 藏身	língmǐn 灵敏	shēngcún 生存	céngmiàn 层面	mínzhèng 民政
wánchéng 完成	chénzhòng 沉重	míngtiān 明天	wánzhěng 完整	chéngkěn 诚恳	nìngkěn 宁肯	wénmíng 文明
chéngdān 承担	nóngcūn 农村	xiāngguān 相关	diàndìng 奠定	pīnmìng 拼命	xìnyòng 信用	dōngtiān 冬天

píngióng 贫穷	xīngfèn 兴奋	fāngàn 方案	píngmiàn 平面	yányòng 沿用	fēnchéng 分成	píngfēn 平分
yīnyáng 阴阳	fēnzhēng 纷争	píngjūn 平均	yùnxíng 运行	gōngmín 公民	píngmín 平民	zànchéng 赞成
huánghūn 黄昏	qiāndìng 签订	zēngchǎn 增产	jiǎnqīng 减轻	qióngjìn 穷尽	zēngtiān 增添	jǐngguān 景观
qúnzhòng 群众	zhànzhēng 战争	zhēnglùn 争论	zhōngshēn 终身	zhuānchéng 专程		

二、带韵头 u 的韵母练习

【模拟场景】老王带着自己的孙子在公园玩,这时遇到邻居老李也在公园锻炼。两人高兴地拉起了家常,老李说:"老王,你的'森子'这次回来要多玩几天吧!"老王掩饰不住内心的高兴,满脸笑容地点头。这时,老王的孙子一本正经地告诉两位老人:"爷爷,我应该是您的孙子,而不是'森子'! 你们说错了。"两位老人相视一笑,异口同声地说:"真不错,你的拼音学得比我们好,我们说错了,下次改正。"两位老人说"孙子"一词时,明显是丢失了韵头 u。

【知识点拨】在发带韵头 u 的韵母时,要注意发音过程中有一个合口的 u 音不能丢失。

【模拟训练】

第一组:词语发音练习。

huāwà 花袜	kuādà 夸大	shuǎhuá 耍滑	huāguà 花褂	guàhuā 挂花	wáwá 娃娃	cuōtuó 蹉跎
duōsuō 哆嗦	cuòluò 错落	shuòguǒ 硕果	luòtuó 骆驼	nuòruò 懦弱	shuāihuài 摔坏	huáichuāi 怀揣
wàikuài 外快	guāiguāi 乖乖	wàihuái 外踝	kuàizhuài 快拽	huíguī 回归	huíwèi 回味	kuíwú 魁梧
shuǐwèi 水位	cuīhuǐ 摧毁	chuíwēi 垂危	guànchuān 贯穿	zhuānduàn 专断	zhuǎnwān 转弯	wǎnzhuǎn 婉转
chuánhuàn 传唤	zhuǎnhuàn 转换	chūnsǔn 春笋	kūnlún 昆仑	wēnshùn 温顺	lùnwén 论文	hùndùn 混沌
wēncún 温存	lǎowēng 老翁	wēngwēng 嗡嗡	wèngcài 蕹菜	wěngyù 翁郁	shuǐwèng 水瓮	yúwēng 渔翁
zhuānghuáng 装潢		zhuàngkuàng 状况		kuángwàng 狂妄		shuānghuáng 双簧

kuàngchuáng　　huángguāng
矿床　　　　黄光

第二组：绕口令练习。

望江楼,望江楼,望江楼上望江流。江从楼下流,江水流,楼下流,楼下江流楼不流。

小光和小刚,抬着水缸上山岗。上山岗,歇歇凉,拿起竹竿玩打仗。乒乒乒,兵兵兵,打来打去砸了缸。小光怪小刚,小刚怪小光,小光小刚都怪竹竿和水缸。

墙上一个窗,窗上一支枪,窗下一箩糠。枪落进了糠,糠埋住了枪。糠赶不走枪,枪也上不了窗和墙。

小狗和小猴,想吃炖冻豆腐。小狗有冻豆腐,不会炖冻豆腐。小猴没冻豆腐,只会炖冻豆腐。小猴帮小狗炖冻豆腐,小狗请小猴吃炖冻豆腐。

【实战演练】

（一）含韵头 u 的生字训练

1. 韵母 uei

duī	guǐ	huī	zuǐ	suí	wěi	duì	guì	huī	cuī	suì	wèi	duì	guì
堆	诡	辉	嘴	随	苇	兑	柜	徽	催	岁	位	队	贵

huǐ	cuī	wéi	wěi	tuì	guì	huì	cuì	wéi	wèi	guī	guì	huì	cuì
悔	摧	韦	伪	退	桂	绘	翠	唯	谓	归	跪	惠	脆

wéi	wèi	guī	kuí	shuì	cuì	wěi	wèi	guī	kuí	ruì	suī	wěi	wèi
维	味	规	奎	税	啐	伟	畏	硅	葵	瑞	虽	纬	胃

2. 韵母 uen

dūn	tūn	kūn	hún	chūn	shùn	dūn	tún	kǔn	hún	chún	shùn	dūn	tún
吨	吞	坤	浑	春	舜	蹲	屯	捆	魂	纯	顺	敦	臀

kùn	hún	chún	dùn	lún	hūn	rùn	chún	dùn	lún	hūn	rùn	chǔn	dùn
困	混	唇	炖	沦	昏	闰	醇	钝	轮	荤	润	蠢	顿

gǔn	hūn	zhǔn	shǔn
滚	婚	准	吮

（二）含韵头 u 的词语训练

chúncuì	hésuàn	kēxué	cuànduó	huàmiàn	kuàyuè	cuìruò
纯粹	核算	科学	篡夺	画面	跨越	脆弱

huànsuàn	kuānkuò	cūnzhuāng	huāngmiù	kuīsǔn	cúnhuó	huíguī
换算	宽阔	村庄	荒谬	亏损	存活	回归

lùnwén 论文	dānchún 单纯	huìhuà 绘画	mázuì 麻醉	duàncéng 断层	jǐnquē 紧缺	máodùn 矛盾
duìxiàng 对象	jīngquè 精确	kuàihuó 快活	fēichuán 飞船	juānshuì 捐税	pòhuài 破坏	gàikuò 概括
juànliàn 眷恋	qíguài 奇怪	gòngcún 共存	kāituò 开拓	shōusuō 收缩	shuāiluò 衰落	tànsuǒ 探索
wángguó 王国	shuāiruò 衰弱	táocuàn 逃窜	wēiruò 微弱	sōuluó 搜罗	tōngguò 通过	wěisuí 尾随
sōusuǒ 搜索	tuānliú 湍流	wèisuì 未遂	suànzhàng 算账	tuánduì 团队	zhōusuì 周岁	suīshuō 虽说
tuīcè 推测	zhuāhuò 抓获	suíbiàn 随便	tuīguǎng 推广	zhuǎnbiàn 转变	suíhòu 随后	tuísàng 颓丧
zhuīsuí 追随	sǔnhuài 损坏	tuìhuà 退化	zuìzhōng 最终	suōduǎn 缩短	wàiguó 外国	zūnzhòng 尊重
suǒsuì 琐碎	wānqū 弯曲	zūnxún 遵循				

三、er 的卷舌发音

【模拟场景】《红楼梦》中的史湘云，每次到贾府见到贾宝玉就叫"爱哥哥"，惹得林黛玉一众姐妹经常打趣她，成了姐妹们茶余饭后的取笑对象。原来她说"二"时，发音 e 的位置不对，就变成了 ai 的音。

【知识点拨】作为普通话唯一的一个卷舌音 er，在发音 e 的同时要向上卷舌，形成一个带卷舌音的 e。er 的发音有两个关键：一是发好音 e，要把舌头放在口腔正中不上不下、不前不后的位置发音 e；二是卷舌，在发音 e 的同时舌头向硬腭卷起。两者缺一不可。

【模拟训练】

第一组：词语发音练习。

érgē 儿歌	érsūn 儿孙	érxì 儿戏	érxí 儿媳	érzi 儿子	nǚér 女儿	érqiě 而且	érjīn 而今
éryǐ 而已	ránér 然而	érlì 而立	ěrduo 耳朵	mùěr 木耳	ěrjī 耳机	ěryǔ 耳语	ěrmù 耳目
ěrliào 饵料	ǒuěr 偶尔	ěrhòu 尔后	èrshí 二十	èrhú 二胡	èrxīn 二心		

第二组：容易混淆的双音节词语练习。

érxiǎo ǎixiǎo　　　érjīn āijìn　　　xiǎoér xiǎoé　　　èrrén èrén
二小—矮小　　　而今—挨近　　　小儿—小鹅　　　二人—恶人
第三组：绕口令练习。

二是二,十二是十二,二十是二十,二十二是二十二。小二子一口气数完二千二百二十二万二千二百二十二点二二。

妈妈给儿一个家,儿是家中一朵花,耳旁响着妈妈的话:"儿啊,儿啊,快长大,学好本领报国家。"

【实战演练】

(一) 双音节词语练习

nǎer	gūer	érkē	háiér	jiāoér	érláng	érshí	qīer
哪儿	孤儿	儿科	孩儿	骄儿	儿郎	儿时	妻儿

érbèi	èrshí	èrliú	èrfù	ěrfú	èrxián	èrzhàn	èrxiàn
儿辈	二十	二流	二副	耳福	二弦	二战	二线

èrshěn	èrshèng	ěryǎ	èrshì	ěrshì	èrshī	èrguān	érhòu
二审	二圣	尔雅	二世	耳饰	二师	二关	而后

jìér	xìngér	gùér	fǎnér	yīnér	éér	shūér	érshì
继而	幸而	故而	反而	因而	俄而	倏而	而是

(二) 多音节词语练习

xiǎnéryìjiàn	tuōkǒuérchū	pāiànérqǐ	bùláoérhuò	mìérbùxuān
显而易见	脱口而出	拍案而起	不劳而获	秘而不宣

qīngéryìjǔ	bùcíérbié	jiézééryú	suíyùérān	zhīnánértuì
轻而易举	不辞而别	竭泽而渔	随遇而安	知难而退

bèidàoérchí	luòhuāngértáo	yúguànérrù	cóngtiānérjiàng	yóuránérshēng
背道而驰	落荒而逃	鱼贯而入	从天而降	油然而生

jiáránérzhǐ	duókuàngérchū	qīngcháoérchū	tǐngérzǒuxiǎn	xiàngyúérqì
戛然而止	夺眶而出	倾巢而出	铤而走险	向隅而泣

bújìngérzǒu	dàijiàérgū	yíngrènérjiě		
不胫而走	待价而沽	迎刃而解		

四、ong 与 ueng、ong 与 eng 的区别

【模拟场景】幼师班的同学们正在朗诵一首儿歌:"蜜蜂飞呀飞呀,飞在花丛中呀,ong ong ong(嗡 嗡 嗡)……"老师听后,让同学们停下来。同学们丈二和尚摸不着头脑,老师给他们解释并纠正"嗡"的发音。同学们经过老师纠正

后,才明白"嗡"应该发"weng"的音。

【知识点拨】ong 不能是零声母音节,在任何时候都必须和声母相拼合,而 ueng 不能和声母拼合,是零声母音节。根据拼写规则,ueng 应写作 weng。ong 不能和 b、p、m、f 相拼,b、p、m、f 只能拼合 eng。

【模拟训练】

第一组:词语发音训练。

yúwēng	lǎowēng	wěngyù	xiǎowēng	wèngcài	wēngwēng
渔翁	老翁	翁郁	小翁	蕹菜	嗡嗡
cōnglóng	lóngzhòng	gōngnóng	kōngdòng	cóngróng	hóngzhōng
葱茏	隆重	工农	空洞	从容	洪钟
hōngdòng	fēngshēng	gēngshēng	méngshēng	pēngpēng	péngchéng
轰动	风声	更生	萌生	怦怦	鹏程
méngméng	fēngzhēng	péngsōng	ménglóng	méngtóng	méngdòng
蒙蒙	风筝	蓬松	朦胧	蒙童	萌动

第二组:绕口令训练。

青龙洞中龙做梦,青龙做梦出龙洞,做了千年万载梦,龙洞困龙在深洞。自从来了新愚公,捅开青龙洞,青龙洞中涌出龙,龙去农田做农工。

东东和峰峰,晴空放风筝。东东放蜻蜓,峰峰放雄鹰。迎面空中起东风,蜻蜓、雄鹰乘风行。

蜂蜜养蜜蜂,蜜蜂酿蜂蜜。蜂蜜要靠蜜蜂酿,蜜蜂要靠蜂蜜养。蜜养蜂,蜂酿蜜。蜜蜂酿蜜蜜养蜂,蜂蜜养蜂蜂酿蜜。

小凤放风筝,风筝倒栽葱。小松放风筝,风筝升高空。

【实战演练】

(一) 韵母 ong 的生字训练

chōng	chōng	chōng	chóng	chǒng	cōng	cóng	cōng	cōng	cóng	zhōng	zhǒng
春	冲	充	崇	宠	葱	丛	聪	囱	淙	盅	种
zhǒng	zhǒng	zhòng	zhōng	dòng	dòng	dòng	dǒng	tōng	lóng	lóng	lǒng
肿	冢	仲	衷	洞	栋	侗	懂	恫	隆	笼	拢
lóng	lóng	lǒng	nóng	nóng	nóng	nòng	róng	róng	róng	róng	rǒng
聋	珑	陇	农	脓	侬	弄	绒	蓉	融	戎	冗
róng	róng	zòng	zōng	zōng	sǒng	sòng	sǒng	sōng	sōng	kòng	kǒng
嵘	茸	纵	综	鬃	耸	讼	怂	嵩	淞	控	恐
kōng	gǒng	gōng	gōng	gōng	gōng	gǒng	tóng	tòng	tǒng	tóng	tóng
崆	拱	公	宫	龚	恭	汞	童	痛	捅	瞳	佟

（二）韵母 eng 的生字训练

bēng	wēng	péng	péng	mèng	fēng	bèng	péng	péng	méng	fēng	wěng
绷	嗡	鹏	澎	孟	烽	迸	膨	蓬	盟	疯	蓊

fēng	dēng	dèng	téng	gěng	zhēng	fēng	dēng	dèng	gěng	zhēng	fēng
锋	噔	邓	藤	耿	征	蜂	蹬	凳	梗	蒸	枫

wèng	dèng	gēng	kēng	zhèng	fēng	děng	téng	gěng	héng	zèng
瓮	瞪	耕	坑	证	封	等	疼	哽	恒	缯

第四章
声　调

掌握普通话四声的调值和调类，并能正确发音。掌握3 500个常用汉字的声调。

第一节　认识声调

【模拟场景】

你能读准下面几组词语吗?

chángfāng　chǎngfáng　　　lǐjiě　　lìjiè　　　　tǐcái　　tícái
长方—厂房　　　　理解—历届　　　　体裁—题材

【知识点拨】

声调是贯穿整个音节的具有区别意义作用的高低升降的变化。每种声调高低升降的具体变化不同。这些变化,也就是声调的实际读法,称为调值。调值是指音节高低升降、曲直长短的变化形式,汉语四声的调值分别是55、35、214、51。把"五度标调法"(见图4-1)中的四声实际读法的图形进行简化,就是常使用的声调符号,简称调号,它们分别是"—""/""Ⅴ""﹨"。声调符号标在韵腹字母上。

调值相同的音节归在一起建立起来的类别叫作调类。汉语四声的调类名称分别是阴平、阳平、上声、去声。通俗的称法分别是第一声、第二声、第三声、第四声。

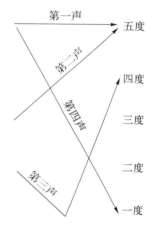

图4-1　五度标调法

声调高低升降的变化模式叫作调型。汉语四声的调型分别是高平调、中升调、降升调、全降调,可以用表4-1来概括。

表4-1　　　　　　　　　　　　国际音标简表

调　类	调　值	调　号	调　型	例　字
阴平	55	—	高平调	光 guāng
阳平	35	/	中升调	明 míng
上声	214	Ⅴ	降升调	磊 lěi
去声	51	﹨	全降调	落 luò

【模拟训练】

词语朗读:比较下列词语的声调。

fáqián fāqián	qiúzhī qiúzhí	gébì gēbì	jiējí jiéjī
罚钱—发钱	求知—求职	隔壁—戈壁	阶级—劫机

chūnjié chúnjié	zìmǔ zìmú	xiǎoyú xiǎoyǔ	jiǎncái jiǎncǎi
春节—纯洁	字母—字模	小鱼—小雨	剪裁—剪彩

tūrán túrán	bāozi báozi	zhīyè zhíyè	bìyù bǐyù
突然—徒然	包子—雹子	枝叶—职业	碧玉—比喻

wēijí wēijī	dǎoyǎn dǎoyán	shúzuì shùzuì	sōngshù sōngshǔ
危及—危机	导演—导言	赎罪—恕罪	松树—松鼠

第二节　声调发音训练

【模拟场景】

请准确朗读这首诗歌：

江畔独步寻花·其五

杜　甫

黄师塔前江水东，
春光懒困倚微风。
桃花一簇开无主，
可爱深红爱浅红？

【知识点拨】

(一) 调值至关重要

各种方言都有自己独特的声调系统。同一个汉字,在不同的方言中可能读成不同的调值,属于不同的调类。方言和普通话声调的不同主要表现在调值上。因此,学习普通话的四声,掌握声调的调值至关重要。

调类由调值决定,调值相同的归为一类。从普通话和方言的比较中可以看出,调类名称相同的调值不一定相同。所以首先应该读准普通话的调值,进而准确把握普通话的四声,从而提高普通话的朗读水平。

(二) 普通话的四声

普通话的调型是：

阴平——高平调 55

阳平——中升调 35

上声——降升调 214

去声——全降调 51

《汉语拼音方案》规定用"—""／""∨""＼"四个符号作为普通话声调的"调号"，由于普通话只有四个声调，因而这四个调号既表示普通话的四个调值、四个调类，也表示普通话的四个调型。

普通话的四个声调是"平""升""曲""降"，可以简单归纳为一平、二升、三曲、四降，升降差异显著，并且明显地区别于各地方言，因而就成了普通话语音最显著和最基本的特征。普通话四个声调的特点如下：阴平莫升降，始终一样高；阳平向上翘，从中往上跑；上声先下降，再从低升高；去声像石落，高起猛降低。

1．阴平调

普通话的阴平调又称高平调，俗称第一声，调值为"55"，由五度到五度，音值高而平直，基本上没有升降的变化。例如：

青山 qīngshān　　　　光辉 guānghuī

商标 shāngbiāo　　　　青春 qīngchūn

公司 gōngsī　　　　　　资金 zījīn

2．阳平调

普通话的阳平调又称中升调，俗称第二声，调值为"35"，由三度升到五度，发音时从中音升到高音，是个高升的调子。例如：

人民 rénmín　　　儿童 értóng　　　银行 yínháng

和平 hépíng　　　农民 nóngmín　　　河南 hénán

3．上声调

普通话的上声调又称降升调，俗称第三声，调值为"214"，发音时由半低音降到低音后升到半高音，调值从二度降到一度，再从一度升到四度，有明显的升降变化。例如：

领导 lǐngdǎo　　　美满 měimǎn　　　管理 guǎnlǐ

体检 tǐjiǎn　　　美好 měihǎo　　　笔尺 bǐchǐ

4．去声调

普通话的去声调又称全降调，俗称第四声，调值为"51"，发音时调值由高音降到低音，即从五度降到一度，高起低收，有明显的降幅变化。例如：

55

| 创造 chuàngzào | 电视 diànshì | 胜利 shènglì |
| 世界 shìjiè | 教育 jiàoyù | 气质 qìzhì |

普通话的声调主要是凭语感发音的,因而要真正读准普通话的四个声调,就要反复听规范的读音,跟着练读,再按声调练习例字、例词,反复练读。如在练读"诗""时""使""是"这样的同声韵四声字时,要做到发音准确到位,能熟练读出任意一个字的普通话的四个调值。

【模拟训练】

第一组:同声韵四声字练习。

bā	bá	bǎ	bà	bō	bó	bǒ	niè	mā	má	mǎ	mà
巴	拔	把	爸	拨	伯	跛	聶	妈	麻	马	骂
dā	dá	dǎ	dà	tāo	táo	tǎo	tào	niū	niú	niǔ	niù
搭	达	打	大	涛	逃	讨	套	妞	牛	扭	拗
lāo	láo	lǎo	lào	gē	gé	gě	gè	kuī	kuí	kuǐ	kuì
捞	牢	老	烙	哥	格	葛	个	亏	葵	跬	溃
hū	hú	hǔ	hù	jiāo	jiáo	jiǎo	jiào	qī	qí	qǐ	qì
呼	胡	虎	互	交	嚼	脚	叫	期	其	起	憩
xīng	háng	xǐng	xìng	zhā	zhá	zhǎ	zhà	chū	chú	chǔ	chù
星	行	醒	姓	渣	闸	眨	诈	出	锄	楚	处
shāo	sháo	shǎo	shào	rǎng	ráng	rǎng	ràng	zāo	záo	zǎo	zào
稍	勺	少	哨	嚷	瓤	攘	让	遭	凿	早	造
cāi	cái	cǎi	cài	suī	suí	suǐ	suì	yī	yí	yǐ	yì
猜	裁	踩	菜	虽	随	髓	岁	一	宜	已	易

第二组:四音节词语练习。

	chūntiānhuākāi	jiāngshānduōjiāo	qīngchūnzhīgē	shānchuānduōzī
阴阴阴阴:	春天花开	江山多娇	青春之歌	山川多姿
	rénmíntuánjié	háoqínggángyáng	niúyángchéngqún	qínláorénmín
阳阳阳阳:	人民团结	豪情昂扬	牛羊成群	勤劳人民
	měihǎolǐxiǎng	shǒuzhǎngzhǐdǎo	yǐngxiǎngzhǎnlǎn	dǎngwěilǐngdǎo
上上上上:	美好理想	首长指导	影响展览	党委领导
	rìyèbiànhuà	jìxùjiàoyù	yànsuànzhèngquè	xiàndàijiànshè
去去去去:	日夜变化	继续教育	验算正确	现代建设
	shānmíngshuǐxiù	guāngmínglěiluò	huāhóngliǔlǜ	xīnmíngyǎnliàng
阴阳上去:	山明水秀	光明磊落	花红柳绿	心明眼亮
	shēnqiángtǐzhuàng	bīngqiángmǎzhuàng	fēngtiáoyǔshùn	qiānchuíbǎiliàn
	身强体壮	兵强马壮	风调雨顺	千锤百炼

	yīngxiónghǎohàn	zhōngliúdǐzhù	shānhéměilì	dēnghóngjiǔlǜ
	英雄好汉	中流砥柱	山河美丽	灯红酒绿
	pǔtiāntóngqìng	hàorúyānhǎi	wòxīnchángdǎn	héfēngxìyǔ
四声交错：	普天同庆	浩如烟海	卧薪尝胆	和风细雨
	bàoshǒucánquē	bēitiānmǐnrén	bìlěisēnyán	bùzhīsuǒyún
	抱守残缺	悲天悯人	壁垒森严	不知所云
	chēzàidǒuliáng	dǎjiājiéshè	děngliàngqíguān	duōchóushàngǎn
	车载斗量	打家劫舍	等量齐观	多愁善感

第三组：绕口令练习。

妈妈骑马，马慢，妈妈骂马；伯伯磨墨，墨破，伯伯摸墨；姥姥烙酪，酪老，姥姥捞酪；舅舅救鸠，鸠飞，舅舅揪鸠；妞妞牵牛，牛拗，妞妞拧牛。

毛毛有一顶红帽，猫猫有一身灰毛。毛毛要猫猫的灰毛，猫猫要毛毛的红帽。毛毛把红帽交给猫猫，猫猫给毛毛几根灰毛。

丹丹担蛋，旦旦担蛋。丹丹的担里担着蛋，旦旦担着担里的蛋。

沿檐一窝燕，檐下一股烟。烟沿檐过掩燕眼，烟掩燕眼燕眼烟。

马前有鸭，鸭后有马。鸭走前马走后鸭慢骂马，马走后鸭走前马慢骂鸭。

老师老是叫老史去捞石，老史老是让老石去捞石，老石老是看老史不捞石，老师老是说老史不老实。

【实战演练】

（一）阴平 + 阴平

ānxīn	cāoxīn	ōugē	bāngxiōng	chuīyān	qīngchūn
安心	操心	讴歌	帮凶	炊烟	青春
bāozhuāng	dōngfāng	shīgē	bēiguān	fāngxiāng	shōugē
包装	东方	诗歌	悲观	芳香	收割
biānjiāng	fēngshōu	xīfāng	bīngchuān	gōngxūn	xiānhuā
边疆	丰收	西方	冰川	功勋	鲜花

（二）阴平 + 阳平

cāngliáng	bēnchí	cāiyí	bēnliú	chāojí	cāoxíng
苍凉	奔驰	猜疑	奔流	超级	操行
duānxiáng	huāwén	fācái	huīchén	chūjí	qīngxián
端详	花纹	发财	灰尘	初级	清闲
chōngshí	cuōtuó	jīnghuá	dānchún	fēnliú	fānchuán
充实	蹉跎	精华	单纯	分流	帆船

（三）阴平＋上声

biānxuǎn 编选	fēngsuǒ 封锁	shāngpǐn 商品	biānxiě 编写	gāngtiě 钢铁	shēnhǎi 深海
biāoyǔ 标语	hēibǎn 黑板	shuōfǎ 说法	biāozhǔn 标准	hōngxiǎng 轰响	sīkǎo 思考
bīnzhǔ 宾主	huāliǎn 花脸	sōngruǎn 松软	bēicǎn 悲惨	jiāyǐ 加以	xiōnggǔ 胸骨
bēnyǒng 奔涌	kāishuǐ 开水	xiōngkǒu 胸口	bēnzǒu 奔走	kuājiǎng 夸奖	xiūgǎi 修改
bōgǔ 波谷	kuīběn 亏本	xiūyǎng 修养	cānkǎo 参考	ōudǎ 殴打	yādǎo 压倒
cuīhuǐ 摧毁	pēnsǎ 喷洒	yīnxiǎng 音响	duōguǎ 多寡	pīzhǔn 批准	yōngyǒu 拥有
fābiǎo 发表	qīngshuǎng 清爽	yōngjǐ 拥挤	fāzhǎn 发展	qīngtǔ 倾吐	zēngzhǎng 增长

（四）阴平＋去声

āidào 哀悼	chōngpèi 充沛	jīzhì 机制	āndìng 安定	dāpèi 搭配	jiānruì 尖锐
bānbù 颁布	dānwù 耽误	qīngcuì 清脆	bānyùn 搬运	dīxià 低下	qūyù 区域
bāngzhù 帮助	diānfù 颠覆	tōushuì 偷税	bēifèn 悲愤	diāosù 雕塑	wēixìn 威信
cānzhào 参照	fāpiào 发票	xībù 西部	chēngzàn 称赞	fānyì 翻译	yāyì 压抑

（五）阳平＋阴平

kuángfēng 狂风	liángshī 良师	bójī 搏击	láibīn 来宾	fánduō 繁多	huábīng 滑冰
chónggāo 崇高	héngxīng 恒星	díjūn 敌军	lánhuā 兰花	jíduān 极端	jízhōng 集中
chéngxīn 诚心	qíngcāo 情操	héhuā 荷花	jiéyuē 节约	céngjīng 曾经	yángguāng 阳光

（六）阳平＋阳平

bó dé 博得	dáchéng 达成	hóngchá 红茶	cháiyóu 柴油	dírén 敌人	qiántí 前提

chányán	értóng	réngé	chángshí	fánróng	shízú
谗言	儿童	人格	常识	繁荣	十足
cháoliú	géjú	tíbá	chímíng	guófáng	wánquán
潮流	格局	提拔	驰名	国防	完全

(七) 阳平 + 上声

chéngpǐn	hóngshuǐ	ángshǒu	quántǐ	bómǔ	rénkǒu
成品	洪水	昂首	全体	伯母	人口
chéngběn	róngdiǎn	cáichǎn	miáoxiě	róuměi	fákuǎn
成本	熔点	财产	描写	柔美	罚款
chéngguǒ	cóngxiǎo	cúnkuǎn	wánměi	rúcǐ	táozǒu
成果	从小	存款	完美	如此	逃走
chuántǒng	hánghǎi	láiwǎng	chíjiǔ	méiyǒu	wéijiǎo
传统	航海	来往	持久	没有	围剿

(八) 阳平 + 去声

ángguì	bódòu	céngcì	báicài	cáifù	cháhuò
昂贵	搏斗	层次	白菜	财富	查获
bóchì	cánkù	chángyòng	dábiàn	hémù	míngjìng
驳斥	残酷	常用	答辩	和睦	明净
débìng	jiégòu	nánbù	féiwò	láixìn	páiduì
得病	结构	南部	肥沃	来信	排队
gébì	láogù	píngjià	hánliàng	máquè	qiánshào
隔壁	牢固	评价	含量	麻雀	前哨

(九) 去声 + 阴平

bàngōng	hòufāng	qìfēn	cìjī	huàjiā	rìqī
办公	后方	气氛	刺激	画家	日期
dàngāo	jìtuō	shàngbān	gòusī	jùshuō	tèqū
蛋糕	寄托	上班	构思	据说	特区
guànjūn	kàngjī	wàijiāo	hànjiān	kèchē	xìbāo
冠军	抗击	外交	汉奸	客车	细胞

(十) 去声 + 阳平

bànxué	fèiténg	huàtí	bànsuí	fùráo	jìjié
办学	沸腾	话题	伴随	富饶	季节

bàngqiú	gòngtóng	jiàzhí	bùmén	gùyuán	jùjí
棒球	共同	价值	部门	雇员	聚集
cuòzhé	hàichóng	làméi	dàodá	hàoqí	liànxí
挫折	害虫	蜡梅	到达	好奇	练习
diànyuán	hècí	rèqíng	dùchuán	hòulái	xiànshí
店员	贺词	热情	渡船	后来	现实

（十一）去声＋上声

ànniǔ	huàtǒng	mièhuǒ	àohuǐ	huànzhě	pèiǒu
按钮	话筒	灭火	懊悔	患者	配偶
chìbǎng	jìnkǒu	qiàqiǎo	cuàngǎi	kànfǎ	shàngwǔ
翅膀	进口	恰巧	篡改	看法	上午
duìǒu	kèběn	shòuyǔ	fèishuǐ	kuàngqiě	tàntǎo
对偶	课本	授予	废水	况且	探讨
fènyǒng	kuàngchǎn	wùpǐn	gètǐ	kuòzhǎn	xìtǒng
奋勇	矿产	物品	个体	扩展	系统
hànshuǐ	liàngjiě	xiàmǎ	hòuhuǐ	miànkǒng	xiàwǔ
汗水	谅解	下马	后悔	面孔	下午

（十二）去声＋去声

àihù	dàoniàn	mèilì	bàihuài	èhuà	qìngzhù
爱护	悼念	魅力	败坏	恶化	庆祝
bànzòu	fànzuì	rèài	bèimiàn	fàngyìng	shènglì
伴奏	犯罪	热爱	背面	放映	胜利
bìmù	fèiyòng	tìhuàn	cèdìng	gànjìn	wàibù
闭幕	费用	替换	测定	干劲	外部
chàyì	gàojiè	xìliè	chàngyì	jiànshè	yàowù
诧异	告诫	系列	倡议	建设	药物

第三节　古入声字的朗读

【模拟场景】你了解一些字在方言和普通话中的读音的区别吗？例如：
桌、识、笔、客、黑、白、雪、月。

【知识点拨】

（一）认识古入声字

现代汉语调类名称有沿用古代汉语调类名称的，也有在古代汉语调类名称的基础上定名的。古代汉语有平声、上声、去声、入声四个调类，现代汉语则演变为阴平、阳平、上声、去声四个调类，已没有入声调类，但入声在福建、广东、上海、江苏、太原、张家口等地的方言中仍然读入声。古代汉语中入声调类的字，今天还称作"入声字"。如今"入声字"分归阴平、阳平、上声和去声四声，普通话训练需要辨明古入声字和改派入声字，注意古入声字和普通话声调的区别。

（二）正音练习

入声字的读音一般比较短促，也有可以延长的，但这种情况比较少。入声字的正音，一要改掉入声字短促的读法，二要掌握古入声字在普通话中的归类情况，按普通话四声的调值去读。

【模拟训练】

第一组：改变入声字的声调（下面所列都是古入声字，注意声调）。

bōxuē	tūchū	jiēfā	qīhēi	jījí	fādá	bāshí	wājué
剥削	突出	揭发	漆黑	积极	发达	八十	挖掘
qībǎi	qūchǐ	xītiě	chāqǔ	hūlüè	jīliè	dūcù	pāishè
七百	曲尺	吸铁	插曲	忽略	激烈	督促	拍摄
jiéyuē	shúxī	xuéshuō	zhíjiē	jígé	jiébái	guójí	juéchá
节约	熟悉	学说	直接	及格	洁白	国籍	觉察
xiázhǎi	huáxuě	biéjiǎo	fúfǎ	dáfù	déyù	dúlì	gébì
狭窄	滑雪	蹩脚	伏法	答复	德育	独立	隔壁
tiětuō	gǔtū	mǒshā	bǐzhí	xuěbái	pǔshí	běifá	tiětǎ
铁托	骨突	抹杀	笔直	雪白	朴实	北伐	铁塔
biěgǔ	tiěchǐ	tiěbǐ	fǎlǜ	bǐmò	tiěbì	jiǎoluò	shùshuō
瘪谷	铁尺	铁笔	法律	笔墨	铁壁	角落	述说
èshā	zhìxī	kèfú	zhùfú	yuèdú	mìjí	yuèqǔ	lèsuǒ
扼杀	窒息	克服	祝福	阅读	密集	乐曲	勒索
zuòqǔ	lèigǔ	bìyè	xuèyè	wùzhì	shùfù	nüèdài	xiǎomài
作曲	肋骨	毕业	血液	物质	束缚	虐待	小麦

第二组：熟悉常用入声字。

bǎi	fá	lèi	nì	tiě	yù	biē	fǎ	lì	niē	tuō	yuè
百	筏	肋	溺	铁	浴	鳖	法	力	捏	脱	悦

bǐ	fú	lì	niè	wā	yuè	bì	gé	lì	niè	wò	yuè
笔	伏	历	聂	挖	越	必	格	粒	孽	握	岳
bo	hēi	liè	pāi	wù	yuè	bó	jí	liè	pǐ	wù	zá
膊	黑	劣	拍	勿	粤	搏	及	猎	匹	物	砸
chì	jí	liè	piě	xī	záo	chuō	jí	lù	pō	xī	zé
赤	级	裂	撇	息	凿	戳	即	录	泼	锡	泽
cù	jiē	lù	qī	xí	zé	dí	jié	mì	qī	xiā	zhái
促	揭	鹿	戚	席	责	嫡	洁	觅	漆	瞎	宅
dí	jié	miè	qì	xié	zhè	dié	jié	miè	qiā	xiè	zhí
敌	捷	蔑	泣	胁	浙	叠	竭	灭	掐	泄	植
jú	dié	mò	què	xiè	zhú	dú	jué	rù	xuě	zhú	dú
局	蝶	末	却	屑	逐	毒	掘	入	雪	竹	独
kuò	mò	ruò	yì	zhù	é	kuò	mù	shī	yì	zhuō	kuò
扩	墨	弱	译	筑	额	括	目	失	翼	捉	阔

第三组：绕口令练习。

陆笛在屋外扫积雪，郭洁在屋里做作业。郭洁见陆笛在屋外扫积雪，急忙放下手里做的作业，到屋外帮助陆笛扫积雪。陆笛扫完了积雪，立即进屋帮助郭洁做作业。二人一起扫积雪，二人一起做作业。

壁上八个壁眼，地上八块壁板。拾起八块壁板，塞住八个壁眼。壁眼套壁板，真是一板合一眼。

白须白伯伯，白发白婆婆。白伯伯搀着白婆婆，白婆婆扶着白伯伯。白伯白婆上北坡，上了北坡摘菠萝。

张打铁，李打铁，打把剪刀送姐姐，姐姐留我歇，我不歇，我要回家学打铁。

白石搭白塔，白塔白石搭。搭好白石塔，白塔白又滑。

【实战演练】

bǎihuā	hūlüè	jiépǐ	běiyuē	huóyuè	jiéjú	bīpò	jījí
百花	忽略	洁癖	北约	活跃	结局	逼迫	积极
júzhī	bǐzhí	jīxuě	jùliè	bìyè	jīfā	jùmù	bóxué
橘汁	笔直	积雪	剧烈	毕业	激发	剧目	博学
jīliè	juécè	chāqǔ	jígé	juéjì	chūxí	jíbié	kèfú
激烈	决策	插曲	及格	绝迹	出席	级别	克服
cuōhe	jíjù	kèlù	dūcù	jípò	kuǎtái	dúbái	jiājiǎo
撮合	急剧	刻录	督促	急迫	垮台	独白	夹角
línyù	dúlì	jiǎjí	mièjué	fótǎ	jiǎgǔ	mǒshā	fútiē
淋浴	独立	甲级	灭绝	佛塔	胛骨	抹杀	服帖

jiǎoluò	mùkè	fùhé	jiǎomó	mùlì	fùxí	jiēchù	pāijī
角落	木刻	复核	角膜	目力	复习	接触	拍击
fùmiè	jiēnà	pāishè	géjué	jiēfā	pīlì	gǔgé	jiéyuē
覆灭	接纳	拍摄	隔绝	揭发	霹雳	骨骼	节约
pòqiè	guójí	jiéhé	pūmiè	hēikè	jiébái	pǔshí	qīhēi
迫切	国籍	结核	扑灭	黑客	洁白	朴实	漆黑
tūchū	xièdú	qiēgē	tūjī	xùmù	qūzhé	tuōjié	xuéshuō
突出	亵渎	切割	突击	畜牧	曲折	脱节	学说
qūfú	tuōluò	xuèmài	quēfá	wājué	yāpò	shízhì	wūjǐ
屈服	脱落	血脉	缺乏	挖掘	压迫	实质	屋脊
yāsuō	shìhé	xísú	yāpǔ	shūfu	xíjī	zhédié	shúxī
压缩	适合	习俗	鸭蹼	舒服	袭击	折叠	熟悉
xiázhǎi	zhíbǐ	tiēqiè	xiējiǎo	zhíshǔ	tiětǎ	xiézuò	zhǐchǐ
狭窄	执笔	贴切	歇脚	直属	铁塔	协作	咫尺

第五章

音　变

学习要点

　　了解普通话中轻声、儿化、变调等常见的音变现象,掌握发音要领、发音规律,并能正确发音。

第一节 轻 声

【模拟场景】一位留学生去超市买东西,对售货员说:"我要买那个东西(dōng xī)。"售货员跟他开玩笑说:"东西(dōng xī)卖给你,南北怎么办啊?"这下他被问蒙了。售货员连忙解释说:"东西(dōng xī)是方向,没法卖,你要买的是东西(dōng xi)。"

【知识点拨】

(一) 轻声的概述

汉语的每个音节一般都有固定的声调,但受相邻音节的影响,普通话词语中的有些音节会失去原有的声调,变成又短又轻的调子,这种音变现象就称为轻声。轻声不是指四声之外的第五种声调,而是声调的一种特殊音变。轻声没有固定的调值,轻声字不标调,轻声词多为常用词。例如:

bēizi	shítou	wǒmen	shìde	dòufu	ěrduo
杯子	石头	我们	似的	豆腐	耳朵

(二) 轻声的作用

轻声一般具有区别词义和词性的作用。例如:

是非 shìfēi(正确和错误)——是非 shìfei(纠纷)

对头 duìtóu(正确)——对头 duìtou(敌人;对手)

大方 dàfāng(专家、内行人)——大方 dàfang(不吝啬;自然,不拘束)

地道 dìdào(名词)——地道 dìdao(形容词)

买卖 mǎimài(动词)——买卖 mǎimai(名词)

利害 lìhài(名词)——利害 lìhai(形容词)

(三) 轻声的规律

1. 习惯性轻声

普通话中有一些双音节词的后一个音节习惯上读成轻声,这些轻声字规律性不强,需要逐个记忆。这是学习普通话的难点之一。

差事(shi)　　掺和(huo)　　风筝(zheng)　　搭理(li)　　巴结(jie)

家伙(huo)　　嘀咕(gu)　　衣服(fu)　　　　芝麻(ma)　　思量(liang)

2. 结构性轻声

普通话中某些词语结构成分或语句结构成分必须轻读,这种结构性轻声是由语言结构规律决定的。结构性轻声如果读成非轻声,会使语流显得古怪,跟普通话差别很大。常见的有以下七类。

第一类,重叠式名词的后一个音节念轻声。例如:

māma	bàba	pópo	guōguo	xīngxing	qūqu
妈妈	爸爸	婆婆	蝈蝈	猩猩	蛐蛐

第二类,名词后缀"子"都念轻声,"头"大部分也念轻声。例如:

bízi	xiǎozi	sūnzi	kùzi	guǐzi	tùzi	yànzi
鼻子	小子	孙子	裤子	鬼子	兔子	燕子
shítou	mǎtou	mántou	tiántou	zhàotou	niàntou	yìnggǔtou
石头	码头	馒头	甜头	兆头	念头	硬骨头

第三类,表示复数的"们"念轻声。例如:

tóngxuémen	gūniangmen	háizimen	xiāngqīnmen	shāngrénmen	gēmen
同学们	姑娘们	孩子们	乡亲们	商人们	哥们

第四类,后附的方位词"上、下、里、头、面、边"等一般念轻声。例如:

lùshang	táishang	jiǎoxia	xiāngxia	yèli	jiāli	chítángli
路上	台上	脚下	乡下	夜里	家里	池塘里
qiántou	hòutou	shàngtou	lǐmian	wàimian	wàibian	zuǒbian	xībian
前头	后头	上头	里面	外面	外边	左边	西边

第五类,语气词"吗、呢、吧、啦",动态助词"着、了、过",结构助词"的、地、得"等,都念轻声。例如:

nǐne	rénne	zǒuma	zǒuguo	nánshòuma	xiàyǔla
你呢	人呢	走吗	走过	难受嘛	下雨啦
chīle	hēle	shěde	xiǎngzhe	chīde	qīngqīngde
吃了	喝了	舍得	想着	吃的	轻轻地

第六类,后附的趋向动词念轻声。例如:

kànshang	pǎolai	náchu	láishuo	chūlai
看上	跑来	拿出	来说	出来

第七类,重叠式动词的后一个音节念轻声。例如:

zǒuzou	kànkan	liànlian	shuōshuo	xiàoxiao	chīchi	liūliu
走走	看看	练练	说说	笑笑	吃吃	溜溜

【模拟训练】

第一组：词语发音练习。

炉子(zi)	咳嗽(sou)	他们(men)	软和(huo)	号丧(sang)
舒服(fu)	儿子(zi)	馒头(tou)	故事(shi)	福气(qi)
数落(luo)	三个(ge)	凑合(he)	骆驼(tuo)	闺女(nü)
暖和(huo)	爸爸(ba)	帽子(zi)	麻利(li)	意思(si)
别扭(niu)	黄瓜(gua)	蛐蛐(qu)	扎实(shi)	学问(wen)
篱笆(ba)	壮实(shi)	叫唤(huan)	苗条(tiao)	稳当(dang)
相声(sheng)	名堂(tang)	勤快(kuai)	毛病(bing)	学生(sheng)

第二组：对比变音练习。

饭前(qián)——饭钱(qian)　　面糊(hù)——面糊(hu)

笔画(huà)——比划(hua)　　电子(zǐ)——垫子(zi)

蛇头(tóu)——舌头(tou)　　笔试(shì)——比试(shi)

面巾(jīn)——面筋(jin)　　大意(yì)——大意(yi)

精神(shén)——精神(shen)　　人家(jiā)——人家(jia)

服气(qì)——福气(qi)　　地方(fāng)——地方(fang)

地下(xià)——地下(xia)　　摆设(shè)——摆设(she)

第三组：绕口令练习。

小猪扛锄头，哼哧哼哧走。小鸟唱枝头，小猪扭头瞅，锄头撞石头，石头撞猪头。小猪怨锄头，锄头怨猪头。

张伯伯，李伯伯，饽饽铺里买饽饽，张伯伯买了个饽饽大，李伯伯买了个大饽饽。拿到家里给婆婆，婆婆又去比饽饽。也不知是张伯伯买的饽饽大，还是李伯伯买的饽饽大。

一二三四五六七，七六五四三二一，七个阿姨来摘果，七个花篮手中提。七个果子摆七样：橘子、桃儿、石榴、柿子、李子、栗子、梨。

扁扁娃背个扁背篓，上扁扁山拔扁豆，拔了一扁背篓扁豆，扁扁娃背不起一扁背篓扁豆，背了半扁背篓扁豆。

【实战演练】

（一）前一音节为阴平调

巴掌 bāzhang	班子 bānzi	扳手 bānshou	帮手 bāngshou
梆子 bāngzi	包袱 bāofu	包子 bāozi	杯子 bēizi

鞭子 biānzi	拨弄 bōnong	苍蝇 cāngying	差事 chāishi
车子 chēzi	称呼 chēnghu	窗户 chuānghu	窗子 chuāngzi
村子 cūnzi	耷拉 dāla	答应 dāying	耽搁 dānge
耽误 dānwu	单子 dānzi	刀子 dāozi	灯笼 dēnglong
提防 dīfang	钉子 dīngzi	东家 dōngjia	东西 dōngxi
嘟囔 dūnang	多么 duōme	风筝 fēngzheng	疯子 fēngzi
甘蔗 gānzhe	杆子 gānzi	高粱 gāoliang	膏药 gāoyao
疙瘩 gēda	哥哥 gēge	胳膊 gēbo	鸽子 gēzi
根子 gēnzi	跟头 gēntou	工夫 gōngfu	弓子 gōngzi
哥们儿 gēmenr	公公 gōnggong	功夫 gōngfu	钩子 gōuzi
姑姑 gūgu	姑娘 gūniang	关系 guānxi	官司 guānsi
规矩 guīju	闺女 guīnü	锅子 guōzi	机灵 jīling
夹子 jiāzi	家伙 jiāhuo	尖子 jiānzi	将就 jiāngjiu
交情 jiāoqing	结实 jiēshi	街坊 jiēfang	金子 jīnzi
精神 jīngshen	窟窿 kūlong	溜达 liūda	妈妈 māma
眯缝 mīfeng	拍子 pāizi	片子 piānzi	欺负 qīfu
亲戚 qīnqi	铺盖 pūgai	作坊 zuōfang	清楚 qīngchu
圈子 quānzi	塞子 sāizi	沙子 shāzi	商量 shāngliang
烧饼 shāobing	身子 shēnzi	生意 shēngyi	牲口 shēngkou
师父 shīfu	师傅 shīfu	虱子 shīzi	狮子 shīzi
收成 shōucheng	收拾 shōushi	叔叔 shūshu	梳子 shūzi
舒服 shūfu	舒坦 shūtan	疏忽 shūhu	思量 sīliang
孙子 sūnzi	孙女 sūnnü	他们 tāmen	它们 tāmen
她们 tāmen	摊子 tānzi	梯子 tīzi	挑剔 tiāoti
挑子 tiāozi	挖苦 wāku	屋子 wūzi	稀罕 xīhan
瞎子 xiāzi	先生 xiānsheng	乡下 xiāngxia	箱子 xiāngzi
消息 xiāoxi	心思 xīnsi	星星 xīngxing	猩猩 xīngxing
兄弟 xiōngdi	休息 xiūxi	靴子 xuēzi	丫头 yātou
鸭子 yāzi	胭脂 yānzhi	烟筒 yāntong	秧歌 yāngge
吆喝 yāohe	妖精 yāojing	妖怪 yāoguai	椰子 yēzi
衣服 yīfu	桌子 zhuōzi	衣裳 yīshang	冤枉 yuānwang

扎实 zhāshi　张罗 zhāngluo　招呼 zhāohu　招牌 zhāopai
折腾 zhēteng　芝麻 zhīma　知识 zhīshi　珠子 zhūzi
庄稼 zhuāngjia　庄子 zhuāngzi　锥子 zhuīzi

（二）前一音节为阳平调

萝卜 luóbo　骡子 luózi　麻烦 máfan　麻利 máli
麻子 mázi　馒头 mántou　忙活 mánghuo　眉毛 méimao
门道 méndao　迷糊 míhu　苗条 miáotiao　苗头 miáotou
名堂 míngtang　名字 míngzi　明白 míngbai　蘑菇 mógu
模糊 móhu　难为 nánwei　能耐 néngnai　娘家 niángjia
奴才 núcai　牌楼 páilou　牌子 páizi　盘算 pánsuan
盘子 pánzi　狍子 páozi　盆子 pénzi　朋友 péngyou
棚子 péngzi　脾气 píqi　皮子 pízi　便宜 piányi
瓶子 píngzi　婆家 pójia　婆婆 pópo　旗子 qízi
前头 qiántou　钳子 qiánzi　茄子 qiézi　勤快 qínkuai
拳头 quántou　裙子 qúnzi　人家 rénjia　人们 rénmen
勺子 sháozi　舌头 shétou　什么 shénme　绳子 shéngzi
石匠 shíjiang　石榴 shíliu　石头 shítou　时候 shíhou
实在 shízai　拾掇 shíduo　台子 táizi　坛子 tánzi
桃子 táozi　蹄子 tízi　条子 tiáozi　亭子 tíngzi
头发 tóufa　头子 tóuzi　娃娃 wáwa　蚊子 wénzi
席子 xízi　媳妇 xífu　匣子 xiázi　行李 xíngli
学生 xuésheng　学问 xuéwen　衙门 yámen　爷爷 yéye
银子 yínzi　云彩 yúncai　咱们 zánmen　宅子 zháizi
侄子 zhízi　竹子 zhúzi　琢磨 zuómo

（三）前一音节为上声调

把子 bǎzi　板子 bǎnzi　膀子 bǎngzi　本事 běnshi
本子 běnzi　比方 bǐfang　扁担 biǎndan　饼子 bǐngzi
补丁 bǔding　厂子 chǎngzi　场子 chǎngzi　尺子 chǐzi
打扮 dǎban　打点 dǎdian　打发 dǎfa　打量 dǎliang

打算 dǎsuan	打听 dǎting	胆子 dǎnzi	底子 dǐzi
点心 diǎnxin	肚子 dǔzi	耳朵 ěrduo	斧子 fǔzi
杆子 gǎnzi	稿子 gǎozi	谷子 gǔzi	骨头 gǔtou
寡妇 guǎfu	鬼子 guǐzi	果子 guǒzi	幌子 huǎngzi
火候 huǒhou	伙计 huǒji	脊梁 jǐliang	茧子 jiǎnzi
剪子 jiǎnzi	饺子 jiǎozi	姐夫 jiěfu	姐姐 jiějie
口袋 kǒudai	口子 kǒuzi	喇叭 lǎba	喇嘛 lǎma
懒得 lǎnde	老婆 lǎopo	老实 lǎoshi	嘴巴 zuǐba
祖宗 zǔzong	老爷 lǎoye	老子 lǎozi	姥姥 lǎolao
里头 lǐtou	两口子 liǎngkǒuzi	领子 lǐngzi	马虎 mǎhu
码头 mǎtou	买卖 mǎimai	奶奶 nǎinai	脑袋 nǎodai
脑子 nǎozi	你们 nǐmen	女婿 nǚxu	暖和 nuǎnhuo
痞子 pǐzi	曲子 qǔzi	嗓子 sǎngzi	嫂子 sǎozi
婶子 shěnzi	使唤 shǐhuan	首饰 shǒushi	爽快 shuǎngkuai
毯子 tǎnzi	铁匠 tiějiang	妥当 tuǒdang	晚上 wǎnshang
尾巴 wěiba	委屈 wěiqu	稳当 wěndang	我们 wǒmen
喜欢 xǐhuan	小伙子 xiǎohuǒzi	小气 xiǎoqi	小子 xiǎozi
哑巴 yǎba	眼睛 yǎnjing	养活 yǎnghuo	椅子 yǐzi
影子 yǐngzi	早上 zǎoshang	怎么 zěnme	眨巴 zhǎba
枕头 zhěntou	指甲 zhǐjia	指头 zhǐtou	种子 zhǒngzi
主意 zhǔyi	主子 zhǔzi	爪子 zhuǎzi	

(四) 前一音节为去声调

爱人 àiren	案子 ànzi	爸爸 bàba	棒槌 bàngchui
棒子 bàngzi	豹子 bàozi	被子 bèizi	辫子 biànzi
别扭 bièniu	簸箕 bòji	在乎 zàihu	步子 bùzi
部分 bùfen	畜生 chùsheng	刺猬 cìwei	凑合 còuhe
大方 dàfang	大爷 dàye	大夫 dàifu	带子 dàizi
袋子 dàizi	担子 dànzi	道士 dàoshi	稻子 dàozi
地道 dìdao	地方 dìfang	弟弟 dìdi	弟兄 dìxiong
调子 diàozi	动静 dòngjing	动弹 dòngtan	豆腐 dòufu

豆子 dòuzi	肚子 dùzi	缎子 duànzi	对付 duìfu
对头 duìtou	队伍 duìwu	贩子 fànzi	份子 fènzi
盖子 gàizi	干事 gànshi	杠子 gàngzi	告诉 gàosu
个子 gèzi	故事 gùshi	褂子 guàzi	怪物 guàiwu
罐头 guàntou	罐子 guànzi	棍子 gùnzi	汉子 hànzi
后头 hòutou	厚道 hòudao	护士 hùshi	记号 jìhao
记性 jìxing	架势 jiàshi	架子 jiàzi	嫁妆 jiàzhuang
见识 jiànshi	毽子 jiànzi	叫唤 jiàohuan	轿子 jiàozi
戒指 jièzhi	镜子 jìngzi	舅舅 jiùjiu	句子 jùzi
卷子 juànzi	客气 kèqi	空子 kòngzi	扣子 kòuzi
裤子 kùzi	快活 kuàihuo	筷子 kuàizi	框子 kuàngzi
困难 kùnnan	阔气 kuòqi	浪头 làngtou	力气 lìqi
厉害 lìhai	利落 lìluo	利索 lìsuo	例子 lìzi
栗子 lìzi	痢疾 lìji	料子 liàozi	路子 lùzi
骆驼 luòtuo	麦子 màizi	冒失 màoshi	帽子 màozi
妹妹 mèimei	面子 miànzi	木匠 mùjiang	木头 mùtou
那么 nàme	念叨 niàndao	念头 niàntou	镊子 nièzi
疟疾 nüèji	胖子 pàngzi	屁股 pìgu	骗子 piànzi
票子 piàozi	漂亮 piàoliang	亲家 qìngjia	热闹 rènao
认识 rènshi	日子 rìzi	褥子 rùzi	扫帚 sàozhou
扇子 shànzi	上司 shàngsi	上头 shàngtou	少爷 shàoye
哨子 shàozi	世故 shìgu	似的 shìde	事情 shìqing
柿子 shìzi	算计 suànji	岁数 suìshu	太太 tàitai
特务 tèwu	跳蚤 tiàozao	兔子 tùzi	唾沫 tuòmo
袜子 wàzi	为了 wèile	位置 wèizhi	位子 wèizi
下巴 xiàba	吓唬 xiàhu	相声 xiàngsheng	笑话 xiàohua
谢谢 xièxie	性子 xìngzi	秀才 xiùcai	秀气 xiùqi
袖子 xiùzi	燕子 yànzi	样子 yàngzi	钥匙 yàoshi
叶子 yèzi	意思 yìsi	应酬 yìngchou	柚子 yòuzi
院子 yuànzi	月饼 yuèbing	月亮 yuèliang	运气 yùnqi
在乎 zàihu	栅栏 zhàlan	寨子 zhàizi	丈夫 zhàngfu

帐篷 zhàngpeng　　丈人 zhàngren　　帐子 zhàngzi　　这个 zhège

这么 zhème　　　镇子 zhènzi　　　柱子 zhùzi　　　转悠 zhuànyou

壮实 zhuàngshi　　状元 zhuàngyuan　字号 zìhao　　　自在 zìzai

粽子 zòngzi

第二节　儿　　化

【模拟场景】你能读准"体育健儿"和"茅草尖儿"的读音吗？这两个词语中的"儿"分别是不同的读音，两者不能混淆。"健儿"中的"儿"是"儿读音节"，读成独立的卷舌元音"ér"；"尖儿"中的"儿"不能按常规读成卷舌元音"ér"，而是读成儿化音"jiānr"。

【知识点拨】

(一) 儿化音

用一个卷舌动作改变前一个音节韵母的读音，使之带上卷舌音色，这种现象就叫作儿化现象，而带有卷舌音色的韵母则叫作儿化韵。儿化韵音节用两个汉字记录，拼写则只用一个音节，在原来的韵母后面加一个 r 就行了，比如花儿(huār)、车儿(chēr)等。

(二) 儿化现象的作用

第一，区别词义。例如：

头(脑袋)——头儿(领导、首领、一端)

眼(眼睛)——眼儿(小孔、窟窿眼儿)

信(书信)——信儿(消息)

火星(行星)——火星儿(极小的火)

第二，区别词性。例如：

盖(动词)——盖儿(名词)

画(动词)——画儿(名词)

尖(形容词)——尖儿(名词)

破烂(形容词)——破烂儿(名词)

第三，表示喜爱、亲切、细小等感情色彩。例如：

钉儿	勺儿	画儿	花儿	棍儿	伴儿
小孩儿	宝贝儿	小船儿	小草儿	心肝儿	头发丝儿

(三) 掌握规律学儿化

儿化是普通话中常见的现象,普通话的 39 个韵母中有 37 个韵母都可以儿化。儿化以后,有些原来不同的韵母变得相同了,39 个韵母就变成了 26 个韵母。儿化韵的读法都是在原韵母后加卷舌动作,但不同类型的韵母儿化时可能引起其他音素的变化,使儿化韵有不同的读法。儿化韵读法的基本规律如下。

(1) 韵尾是 a、o、e、u,韵母不变,拼读时直接加卷舌动作。这类的韵母有 a、o、e、u、ia、ua、uo、ie、üe、ao、iao、ou、iou。例如:

唱歌儿 gē—gēr　　　　　　　冰碴儿 chá—chár
上哪儿 nǎ—nǎr　　　　　　　树苗儿 miáo—miáor
树叶儿 yè—yèr　　　　　　　模特儿 tè—tèr

(2) 韵尾是 i 或 n,拼读时去掉韵尾,加卷舌动作。这类韵母有 ai、uai、ei、uei、an、ian、uan、üan、en、uen。在书面拼写时,可以在原韵母后面只加一个表示卷舌动作的符号"r",后类似情况相同。例如:

小孩儿 hái—háir　　　　　　宝贝儿 bèi—bèir
窍门儿 mén—ménr　　　　　桑葚儿 shèn—rènr

(3) 韵尾是 ng,拼读时去掉 ng,主要元音变成鼻化元音,同时还要加上卷舌动作。例如:

麻绳儿 shéng—shéngr　　　　吊嗓儿 sǎng—sǎngr
板凳儿 dèng—dèngr　　　　　胡同儿 tóng—tòngr

(4) 韵母是 i、ü,儿化拼读时直接在原韵母后加卷舌动作"r"。例如:

金鱼儿 yú—yúr　　　　　　　针鼻儿 bí—bír
小曲儿 qǔ—qǔr　　　　　　　小鸡儿 jī—jīr

(5) 元音是-i(前)、-i(后),儿化拼读时直接加卷舌动作"r"。例如:

墨汁儿 zhī—zhīr　　　　　　　拔丝儿 sī—sīr
小事儿 shì—shìr　　　　　　　带刺儿 cì—cìr

【模拟训练】

第一组:词语发音练习。

傻帽儿(màor)　　小猴儿(hóur)　　饱嗝儿(gér)　　白兔儿(tùr)

树林儿(línr)　　串门儿(ménr)　　扣眼儿(yǎnr)　　聊天儿(tiānr)

眼皮儿(pír)　　瓜子儿(zǐr)　　橘汁儿(zhīr)　　玩意儿(yìr)

火星儿(xīngr)　　透亮儿(liàngr)　　药方儿(fāngr)　　打鸣儿(míngr)

第二组：绕口令练习。

小女孩儿，红脸蛋儿，红头绳儿，扎小辫儿，黑眼珠儿，滴溜转儿，手儿巧，心眼儿快，会做袜子会做鞋儿，能开地，能种菜，又会浇花儿，又会做饭儿。

一个姑娘叫小兰儿，挑着水桶儿上庙台儿，摔了个跟头拾了个钱儿，又打醋儿，又买盐儿，还买了一个小饭碗儿。小饭碗儿，真好玩儿，红花绿叶镶金边儿，中间还有个小红点儿。

进了门儿，倒杯水儿，喝了两口运运气儿。顺手拿起小唱本儿，唱一曲儿又一曲儿，练完了嗓子练嘴皮儿。绕口令儿，练字音儿，还有单弦儿牌子曲；小快板儿，大鼓词儿，又说又唱我真带劲儿！

【实战演练】

（一）读音为 ar、air、uar、üar、ier

板擦儿 bǎncār	壶盖儿 húgàir	人缘儿 rényuánr
半截儿 bànjiér	火罐儿 huǒguànr	扇面儿 shànmiànr
包干儿 bāogānr	加塞儿 jiāsāir	收摊儿 shōutānr
包圆儿 bāoyuánr	坎肩儿 kǎnjiānr	手绢儿 shǒujuànr
笔杆儿 bǐgǎnr	裤衩儿 kùchǎr	蒜瓣儿 suànbànr
茶馆儿 cháguǎnr	快板儿 kuàibǎnr	戏法儿 xìfǎr
差点儿 chàdiǎnr	拉链儿 lāliànr	小辫儿 xiǎobiànr
出圈儿 chūquānr	老伴儿 lǎobànr	小孩儿 xiǎoháir
打转儿 dǎzhuànr	脸盘儿 liǎnpánr	笑话儿 xiàohuàr
大褂儿 dàguàr	脸蛋儿 liǎndànr	小鞋儿 xiǎoxiér
聊天儿 liáotiānr	鞋带儿 xiédàir	大腕儿 dàwànr
露馅儿 lòuxiànr	心眼儿 xīnyǎnr	刀把儿 dāobàr
落款儿 luòkuǎnr	牙签儿 yáqiānr	掉价儿 diàojiàr
麻花儿 máhuār	牙刷儿 yáshuār	豆芽儿 dòuyár
冒尖儿 màojiānr	烟卷儿 yānjuǎnr	饭馆儿 fànguǎnr
门槛儿 ménkǎnr	一块儿 yíkuàir	拐弯儿 guǎiwānr

名牌儿 míngpáir　　　一下儿 yíxiàr　　　好玩儿 hǎowánr
脑瓜儿 nǎoguār　　　一点儿 yìdiǎnr　　　号码儿 hàomǎr
雨点儿 yǔdiǎnr　　　杂院儿 záyuànr　　　找茬儿 zhǎochár

（二）读作鼻化的 ar
鼻梁儿 bíliángr　　　瓜瓤儿 guārángr　　　透亮儿 tòuliàngr
打晃儿 dǎhuàngr　　　花样儿 huāyàngr　　　香肠儿 xiāngchángr
蛋黄儿 dànhuángr　　天窗儿 tiānchuāngr　药方儿 yàofāngr

（三）读音为 er
把门儿 bǎménr　　　记事儿 jìshìr　　　石子儿 shízǐr
别针儿 biézhēnr　　　脚印儿 jiǎoyìnr　　　送信儿 sòngxìnr
冰棍儿 bīnggùnr　　　锯齿儿 jùchǐr　　　痰盂儿 tányúr
打盹儿 dǎdǔnr　　　开春儿 kāichūnr　　　挑刺儿 tiāocìr
大婶儿 dàshěnr　　　老本儿 lǎoběnr　　　玩意儿 wányìr
刀背儿 dāobèir　　　毛驴儿 máolúr　　　围嘴儿 wéizuǐr
刀刃儿 dāorènr　　　没词儿 méicír　　　小曲儿 xiǎoqǔr
垫底儿 diàndǐr　　　没准儿 méizhǔnr　　小人儿 xiǎorénr
肚脐儿 dùqír　　　摸黑儿 mōhēir　　　杏仁儿 xìngrénr
耳垂儿 ěrchuír　　　墨水儿 mòshuǐr　　　一会儿 yíhuìr
一阵儿 yízhènr　　　哥们儿 gēmenr　　　纳闷儿 nàmènr
有劲儿 yǒujìnr　　　瓜子儿 guāzǐr　　　胖墩儿 pàngdūnr
针鼻儿 zhēnbír　　　合群儿 héqúnr　　　跑腿儿 pǎotuǐr

（四）读作鼻化的 er、or
抽空儿 chōukòngr　　花瓶儿 huāpíngr　　人影儿 rényǐngr
打鸣儿 dǎmíngr　　　火星儿 huǒxīngr　　图钉儿 túdīngr
蛋清儿 dànqīngr　　酒盅儿 jiǔzhōngr　　小瓮儿 xiǎowèngr
果冻儿 guǒdòngr　　门洞儿 méndòngr　　小葱儿 xiǎocōngr
胡同儿 hútòngr　　　门铃儿 ménlíngr　　眼镜儿 yǎnjìngr

（五）e、o、uo 后的儿化
被窝儿 bèiwōr　　　旦角儿 dànjuér　　　耳膜儿 ěrmór

唱歌儿 chànggēr   大伙儿 dàhuǒr   饭盒儿 fànhér
打嗝儿 dǎgér   逗乐儿 dòulèr   粉末儿 fěnmòr
火锅儿 huǒguōr   小说儿 xiǎoshuōr   在这儿 zàizhèr
模特儿 mótèr   邮戳儿 yóuchuōr   做活儿 zuòhuór

(六) ou、iou 后的儿化

顶牛儿 dǐngniúr   棉球儿 miánqiúr   小丑儿 xiǎochǒur
加油儿 jiāyóur   年头儿 niántóur   小偷儿 xiǎotōur
老头儿 lǎotóur   纽扣儿 niǔkòur   衣兜儿 yīdōur
门口儿 ménkǒur   线轴儿 xiànzhóur   抓阄儿 zhuājiūr

(七) ao、iao 后的儿化

半道儿 bàndàor   绝着儿 juézhāor   跑调儿 pǎodiàor
灯泡儿 dēngpàor   开窍儿 kāiqiàor   手套儿 shǒutàor
豆角儿 dòujiǎor   口哨儿 kǒushàor   跳高儿 tiàogāor
红包儿 hóngbāor   口罩儿 kǒuzhàor   鱼漂儿 yúpiāor
火苗儿 huǒmiáor   蜜枣儿 mìzǎor   面条儿 miàntiáor

(八) eng 的儿化

板凳儿 bǎndèngr   钢镚儿 gāngbèngr   麻绳儿 máshéngr
脖颈儿 bógěngr   夹缝儿 jiāfèngr   提成儿 tíchéngr

(九) u 后的儿化

爆肚儿 bàodǔr   梨核儿 líhúr   碎步儿 suìbùr
煤核儿 méihúr   媳妇儿 xífur   没谱儿 méipǔr
枣核儿 zǎohúr   泪珠儿 lèizhūr   门路儿 ménlùr

第三节 变 调

【模拟场景】请认真观察这一句话:"我不管它,这样久了,打开窗子,它最多只在窗框上站一会儿,绝不飞出去。"你知道在朗读这句话时需要注意什么吗?

【知识点拨】说话时音节与音节相连,会形成连续的语流,由于邻近音节声调的影响,会使某些音节的调值发生变化,这种声调变化现象称为"变调",往往是前一个音节受后一个音节的影响。普通话中常见的变调主要有以下几种情况。

(一) 上声变调

如"土壤(tǔrǎng)""婉转(wǎnzhuǎn)"这些词语的发音,可以发现,"土""婉"这两个上声字,读得跟阳平字"图""玩"差不多,这种现象就是上声变调。上声变调的具体读法有以下几种类型。

1. "上声＋上声"的变调

(1) 两个上声连读,前一个上声变成阳平,调值变为35。例如:

mǎyǐ	kǎnkě	zhǎnlǎn	yǎnjiǎng	chǔlǐ	mǐjiǔ
蚂蚁	坎坷	展览	演讲	处理	米酒

tǔrǎng	hǔgǔ	yǔnxǔ	lǎnsǎn	shǒunǎo
土壤	虎骨	允许	懒散	首脑

(2) 三个上声连读,"2＋1"式词语前两个字均变为阳平;"1＋2"式词语,中间一字变为阳平,调值变为35。例如:

dǎnxiǎo guǐ	shǒubiǎo chǎng	guǎnlǐ fǎ	shǒuxiě tǐ
胆小/鬼	手表/厂	管理/法	手写/体

zhǎnlǎn guǎn	lǎo gǔdǒng	xiǎo mǎyǐ	xiǎo yǔdiǎn
展览/馆	老/古董	小/蚂蚁	小/雨点

mǎ chǎngzhǎng	hǎo dǎoyǎn
马/厂长	好/导演

2. "上声＋非上声"的变调

上声与非上声音节相连时,上声变为半上,调值变为21。例如:

shǒudū	dǎoshī	hǎoshū	pǔtōng	hǎiōu	jǐngzhōng
首都	导师	好书	普通	海鸥	警钟(上声＋阴平)

yǔyán	měinián	zǔguó	lǐngháng	hǎiyáng	lǚyóu
语言	每年	祖国	领航	海洋	旅游(上声＋阳平)

tǐyù	tǎolùn	fěicuì	liǔshù	xiǎngniàn	jiǎngkè
体育	讨论	翡翠	柳树	想念	讲课(上声＋去声)

3. "上声＋轻声"的变调

"上声＋轻声"的变调有两种情况：

（1）在某些单音节动词重叠式和第二个音节习惯上轻读的双音节词语里，第一个音节的上声读阳平，调值变读为35。例如：

xǐxi	zhǎozhao	xiǎngxiang	zǒuzou	pǎopao
洗洗	找找	想想	走走	跑跑
bǐbi	nǎli	zuǐli	dǎshou	zhǎobu
比比	哪里	嘴里	打手	找补

（2）亲属称谓中的上声重叠词、以"子"为后缀的名词，第一个音节的上声读为半上，调值变读为21。例如：

bǎobao	nǎinai	lǎolao	jiějie	shěnshen
宝宝	奶奶	姥姥	姐姐	婶婶
zhuǎzi	jiǎnzi	yǐzi	tǎnzi	běnzi
爪子	茧子	椅子	毯子	本子

（二）"一""不""七""八"的变调

（1）"一""不"单念或在词句末尾或"一"在序数词中，声调不变，"一"读阴平，"不"读去声。例如：

一	第一	万一	十一	统一	整齐划一
不	要不	绝不	我就不	我偏不	行不

（2）"一""不"在去声或去声变成的轻声前，一律读阳平，调值变读为35。例如：

一样 一致 一律 一下子 一脉相承 一唱一和 一个萝卜一个坑

不是 不适 不孝 不必 不便 不幸 不屑一顾 不见不散

不见棺材不掉泪

（3）"一""不"在非去声（阴平、阳平、上声）前，"一"变读为去声，"不"仍读原调去声。例如：

一天 一直 一体 一两 一丝不苟

不想 不许 不禁 不仅 不屈不挠

（4）"一"嵌在动词中间，"不"夹在词语中间，一律变读为轻声。例如：

读一读 看一看 练一练 唱一唱 好不好

差不多 了不起 巴不得

（5）"不"在可能补语中，读为轻声。例如：

打不开　　　回不来　　　看不见　　　掏不出　　　活不下去

【模拟训练】

第一组：词语发音练习。

běihǎi	mǔyǔ	miǎntiǎn	yǔfǎ	lǐngtǔ	hǎidǎo	shǒuzhǐ
北海	母语	腼腆	语法	领土	海岛	手指
běijīng	bǎibān	jiěpōu	jiǎshān	huǒchē	sǔnshī	chǎngkāi
北京	百般	解剖	假山	火车	损失	敞开
zǒngjié	xuǎnzé	lǚxíng	dǎoyóu	shuǐkù	tǎolùn	tǔdì
总结	选择	旅行	导游	水库	讨论	土地
bǐfāng	kǔtóu	zhǐwàng	biǎndan	shǎzi	wěiba	shěde
比方	苦头	指望	扁担	傻子	尾巴	舍得

yǔguòtiānqíng	dǒuzhuǎnxīngyí	nénggōngqiǎojiàng	móléngliǎngkě
雨过天晴	斗转星移	能工巧匠	模棱两可
shéntōngguǎngdà	jísīguǎngyì	rěnrǔtōushēng	jǔzúqīngzhòng
神通广大	集思广益	忍辱偷生	举足轻重
bǔfēngzhuōyǐng	shǔmùcùnguāng	lángxīngǒufèi	shēntǐlìxíng
捕风捉影	鼠目寸光	狼心狗肺	身体力行
gūxīyǎngjiān	kǔkǒupóxīn	hǎikūshílàn	lǎoqìhéngqiū
姑息养奸	苦口婆心	海枯石烂	老气横秋
tóuyūnyǎnhuā	yìhūbǎiyìng	zhǐshǒuhuàjiǎo	dàjīngxiǎoguài
头晕眼花	一呼百应	指手画脚	大惊小怪
zǔguótǒngyī	zhěngqíhuàyī	yǐyīdāngshí	yìyīdàishuǐ
祖国统一	整齐划一	以一当十	一衣带水
yìwúshìchù	yìjuébúzhèn	yīwǔyīshí	bùjūyìgé
一无是处	一蹶不振	一五一十	不拘一格
yìxiāngqíngyuàn	yíshìtóngrén	yíjiànshuāngdiāo	yíjiànzhōngqíng
一厢情愿	一视同仁	一箭双雕	一见钟情
yízìqiānjīn	yíyèzhīqiū	yìbǎnyìyǎn	bùfǎfēnzǐ
一字千金	一叶知秋	一板一眼	不法分子
bùzhībùjué	bùyīérzú	bùchǐxiàwèn	bùcíláokǔ
不知不觉	不一而足	不耻下问	不辞劳苦
bùlúnbúlèi	búyànqífán	búyìérfēi	bújìngérzǒu
不伦不类	不厌其烦	不翼而飞	不胫而走
bújiànjīngzhuàn	búgòngdàitiān	bùsānbúsì	lùbùshíyí
不见经传	不共戴天	不三不四	路不拾遗

yèbúbìhù	bùchéngtǐtǒng	búdòngshēngsè
夜不闭户	不成体统	不动声色

láizhěbúshàn shànzhěbùlái
来者不善,善者不来

zhīwúbùyán yánwúbújìn
知无不言,言无不尽

第二组:绕口令练习。

大米饭喷喷香,大家都来尝一尝。吃得快吃得香,不把饭粒掉桌上。

小雨点,沙沙沙,落在田野里,苗儿乐得向上拔。小雨点,沙沙沙,落在池塘里,鱼儿乐得摇尾巴。

马厂长,李厂长,同乡不通行。马厂长声声讲生产,李厂长常常闹思想。马厂长一心只想革新厂,李厂长满口只讲加薪饷。

油一缸,豆一筐,老鼠嗅着油豆香。爬上缸,跳进筐,偷油偷豆两头忙。又高兴,又慌张,脚一滑,身一晃,"扑通"一声跌进缸。

初八十八二十八,八个小孩儿把萝卜拔,你也拔,我也拔,看谁拔得多,看谁拔得大。你拔得不多个儿不小,我拔得不少个儿不大。一个萝卜一个坑儿,算算多少用车拉,一个加俩,俩加三,七十二个加十八,拿个算盘打一打,一百差俩九十八。

【实战演练】

(一) 上声的变调和本调

1. 上声+阴平

bǎowēn	jiǔjīng	shǒuqiāng	gǎibiān	kǒuqiāng	shuǐxiāng
保温	酒精	手枪	改编	口腔	水箱
hǎiguān	liǎngbiān	sǔnshī	hěnxīn	měiguān	tǐtiē
海关	两边	损失	狠心	美观	体贴
jiǎzhuāng	qǐfā	tǐwēn	jiěpōu	qǐjū	wǎsī
假装	启发	体温	解剖	起居	瓦斯

2. 上声+阳平

bǎntú	bǎoliú	cǎihóng	cǎoyuán	gǎnmáng	jiěchú
版图	保留	彩虹	草原	赶忙	解除
chǎnmíng	gǎnqíng	jǔxíng	chěpí	guǎnxiá	kǎochá
阐明	感情	举行	扯皮	管辖	考察
dǎoháng	hǎibá	kěnqiú	fǎtíng	hěndú	nǔláng
导航	海拔	恳求	法庭	狠毒	女郎

3. 上声＋去声

bǎihuò 百货	chǎnshù 阐述	kǎoyàn 考验	bǎngyàng 榜样	dǎngpài 党派	kěwàng 渴望
bǎobèi 宝贝	děngdài 等待	kěndìng 肯定	bǎoguì 宝贵	dǒngshì 懂事	liǎnsè 脸色
bǐsài 比赛	fǎlǜ 法律	mǎshàng 马上	cǎisè 彩色	fǎngwèn 访问	měilì 美丽

4. 上声＋上声

ǎixiǎo 矮小	dǎngwěi 党委	gǔsuǐ 骨髓	bǎbǐng 把柄	dǎotǐ 导体	guǎnlǐ 管理
bǎoxiǎn 保险	dǐngdiǎn 顶点	hǎozhuǎn 好转	bǐcǐ 彼此	dǒusǒu 抖擞	huǒzhǒng 火种
bǐfǎ 笔法	duǎnpǎo 短跑	jiǎbǎn 甲板	bǐzhě 笔者	duǒshǎn 躲闪	jiǎntǎo 检讨
biǎoyǎn 表演	fǔdǎo 辅导	kǎohuǒ 烤火	bǔrǔ 哺乳	fǔxiǔ 腐朽	kěyǐ 可以
cǎifǎng 采访	gǎixiě 改写	kǒuwěn 口吻	gǎnjǐn 赶紧	kǔnǎo 苦恼	gǎnkǎi 感慨
cǎnsǐ 惨死	kuǐlěi 傀儡	chǎnpǐn 产品	gǎnlǎn 橄榄	lěngnuǎn 冷暖	chǎngsuǒ 场所

(二)"一""不"的变调

1."一"的三种变调

(1)"一"在去声前变为阳平。

一半 yíbàn	一面 yímiàn	一副 yífù
一片 yípiàn	一份 yífèn	一道 yídào
一定 yídìng	一块 yíkuài	一处 yíchù
一度 yídù	一件 yíjiàn	一串 yíchuàn
一段 yíduàn	一句 yíjù	一束 yíshù
一律 yílǜ	一气 yíqì	一瞬 yíshùn
一粒 yílì	一切 yíqiè	一再 yízài
一概 yígài	一下 yíxià	一次 yícì
一共 yígòng	一线 yíxiàn	一寸 yícùn
一个 yígè	一向 yíxiàng	一样 yíyàng

（2）"一"在阴平、阳平、上声前变为去声。

一般 yìbān	一心 yìxīn	一员 yìyuán
一边 yìbiān	一支 yìzhī	一直 yìzhí
一朝 yìzhāo	一只 yìzhī	一把 yìbǎ
一车 yìchē	一株 yìzhū	一百 yìbǎi
一吹 yìchuī	一层 yìcéng	一笔 yìbǐ
一刀 yìdāo	一碟 yìdié	一场 yìchǎng
一分 yìfēn	一连 yìlián	一点 yìdiǎn
一封 yìfēng	一年 yìnián	一朵 yìduǒ
一根 yìgēn	一排 yìpái	一举 yìjǔ
一锅 yìguō	一盘 yìpán	一口 yìkǒu

（3）"一"夹在词语中变为轻声。

等一等 děngyiděng	挪一挪 nuóyinuó	问一问 wènyiwèn
翻一翻 fānyifān	拼一把 pīnyibǎ	想一想 xiǎngyixiǎng
讲一讲 jiǎngyijiǎng	请一请 qǐngyiqǐng	压一压 yāyiyā
看一看 kànyikàn	忍一忍 rěnyirěn	咬一咬 yǎoyiyǎo
量一量 liángyiliáng	稳一稳 wěnyiwěn	

2. "不"的变调

（1）"不"在去声前变为阳平。

不必 búbì	不见 bújiàn	不适 búshì
不便 búbiàn	不快 búkuài	不顺 búshùn
不当 búdàng	不愧 búkuì	不算 búsuàn
不动 búdòng	不力 búlì	不孝 búxiào
不断 búduàn	不料 búliào	不屑 búxiè
不对 búduì	不论 búlùn	不懈 búxiè
不够 búgòu	不妙 búmiào	不信 búxìn

（2）"不"夹在动词、形容词中间，或在动词、形容词的补语前，读轻声。

白不白 báibubái	大不了 dàbuliǎo	来不及 láibují
抱不平 bàobupíng	对不起 duìbuqǐ	看不清 kànbuqīng
买不买 mǎibumǎi	谈不谈 tánbután	快不快 kuàibukuài
打不开 dǎbukāi	来不来 láibulái	会不会 huìbuhuì

禁不住 jīnbuzhù　　　想不想 xiǎngbuxiǎng　　　吃不消 chībuxiāo
起不来 qǐbulái　　　　行不行 xíngbuxíng　　　走不开 zǒubukāi

第四节　语气词"啊"的音变

【模拟场景】

朗读下面一段文字,你能读准语段中的"啊"的发音吗?

洪湖水啊,浪呀么浪打浪啊,洪湖岸边是呀么是家乡啊。清早船儿去呀去撒网,晚上回来鱼满舱。啊!四处野鸭和菱藕,秋收满帆稻谷香。人人都说天堂美,怎比我洪湖鱼米乡。

【知识点拨】

"啊"是用来表达感情的语气词,出现在句末或句中稍作停顿之处。由于受到前一个音节韵尾的影响,"啊"可能会读成"哪""呀""哇"等多种不同的形式,这就是语气词"啊"的音变现象。这实际上是一种增音现象,常常表示语气缓和,增加感情色彩。"啊"的前音节韵尾不同,"啊"的读音也不相同。

"啊"的音变规律:

(1)"啊"在音素 a、o、e、ê、i、ü(ao、iao 除外)后,变读为 ya,汉字可写作"呀"。例如:

真辣啊(呀)　　　说啊(呀)　　　大哥啊(呀)
用力啊(呀)　　　去啊(呀)　　　金鱼啊(呀)

(2)"啊"在音素 u(包括 ao、iao)后,变读为 wa,汉字可写作"哇"。例如:

大叔啊(哇)　　好啊(哇)　　跳啊(哇)　　石油啊(哇)

(3)"啊"在音素 n 后,变读为 na,汉字可写作"哪"。例如:

看啊(哪)　　紧啊(哪)　　稳啊(哪)　　冤啊(哪)

(4)"啊"在音素 ng 后(后鼻音的韵尾),变读为 nga,书面上都写成"啊"。例如:

冷啊　行啊　一样啊　忙啊　真硬啊　安静啊

(5)"啊"在-i(后)时,变读为 ra,书面上都写成"啊"。例如:

是啊　　吃啊　　无知啊　　诗啊　　光天化日啊

（6）"啊"在-i（前）时，变读为 za，书面上都写成"啊"。例如：

儿子啊　　其次啊　　无私啊　　石狮子啊

【模拟训练】

第一组：词语发音练习。

回家啊（ya）	朗读啊（wa）	真难啊（na）	动听啊（nga）
真巧啊（wa）	投资啊（za）	节约啊（ya）	上坡啊（ya）
辛苦啊（wa）	能手啊（wa）	开船啊（na）	真狠啊（na）
老乡啊（nga）	亲情啊（nga）	求知啊（ra）	自私啊（za）
多姿啊（za）	辞职啊（ra）	开门啊（na）	美好啊（wa）

第二组：朗读句子，并给"啊"的音变注音。

这是谁啊？	真可爱啊！	好大的雨啊！
吃西瓜啊！	咱们一起学啊！	在哪儿住啊？
大家跳啊！	这是小秦啊！	又喝粥啊！
这是大事啊！	好粗的树啊！	才十四啊！

【实战演练】

朗读下列句子：

（1）这又怪又丑的石头，原来是天上的啊（ya）！

（2）嗬，好大的雪啊（ya）！

（3）从家乡到祖国最需要的地方去啊（ya）！

（4）然而，火光啊（nga）……

（5）家乡的桥啊（wa），我梦中的桥！

（6）唱啊（nga）唱，嘤嘤有韵。

（7）是啊（ra），我们有自己的祖国。

（8）人和动物都是一样啊（nga）。

（9）但这是怎样一个妄想啊（nga）。

（10）才这般的鲜润啊（na）。

（11）在它看来，狗该是多么庞大的怪物啊（wa）！

（12）是啊（ra），请不要见笑。

第六章
普通话水平测试训练

学习要点

　　通过词语朗读训练、短文朗读训练、命题说话训练，了解普通话测试所需的能力。

第一节　词语朗读训练

一、统读音词

ái	bù	dì	gé	jiào	mǐn	áng	cāo	diē	gǔ	jīn	mǐn	āo	guǎng
癌	埠	缔	隔	酵	皿	昂	糙	跌	鼓	津	闽	凹	犷

chǎn	dìng	jùn	miù	ào	duō	guì	kāi	něi	bāo	duō	hè	dāi	chéng
阐	订	俊	谬	坳	多	刽	揩	馁	胞	咄	褐	呆	橙

kǎo	nèn	bǐ	chì	duó	hè	kè	niān	bì	chù	fān	ǒu	rǔ	kuàng
拷	嫩	鄙	炽	踱	壑	恪	拈	庇	触	帆	呕	辱	框

biàn	cī	fèi	huà	lǎn	pàn	bīn	cì	fū	huàn	lāo	pī	bō	chéng
遍	疵	沸	桦	缆	畔	濒	赐	敷	浣	捞	坯	波	惩

fú	jì	liǎn	pī	bō	fú	jì	liè	pǐ	bó	dǎo	fú	jiā	dàng
拂	迹	敛	披	播	幅	绩	劣	匹	帛	导	辐	浃	档

līn	pì	bú	dǎo	fǔ	jiān	lǔ	piāo	bǔ	dào	fù	miǎn	pō	jiāng
拎	僻	醭	蹈	甫	奸	掳	剽	哺	悼	复	娩	颇	缰

bǔ	dī	fù	jiào	miǎo	pōu	qí	rú	suí	wěn	yáo	zàn	qí	hòng
捕	堤	缚	较	缈	剖	畦	茹	绥	紊	肴	暂	骑	讧

suǐ	wū	yǎo	záo	qǐ	shá	suǒ	xī	yì	qià	shè	tū	xí	zēng
髓	诬	舀	凿	杞	啥	索	溪	谊	洽	摄	凸	袭	憎

yīn	zhē	qián	shēn	tū	xián	yìng	zhé	qiàn	shèn	tuí	xiáo	zhěn	yōng
荫	遮	潜	娠	突	弦	映	辙	嵌	蜃	颓	淆	诊	拥

qiè	shì	tuì	xiào	yōng	zhī	qīn	shū	tún	xiè	zhǐ	qín	shū	yǒng
怯	室	蜕	哮	庸	脂	侵	淑	臀	械	指	嗪	疏	踊

wēi	yú	zhòu	qǔ	shù	wéi	xué	yú	zhú	rào	shù	wéi	yá	xuǎn
微	娱	骤	龋	戍	韦	穴	愉	逐	绕	漱	违	崖	癣

yuè	zhuō	rèn	sù	wěi	yà	yùn	zhuó
跃	拙	妊	塑	纬	亚	酝	卓

二、中重式词语

ānpái	fēngbì	méitóu	àomì	géwài	méitàn	àomàn	gǒngqiáo
安排	封闭	眉头	奥秘	格外	煤炭	傲慢	拱桥

gébì	ménpiào	bāguà	guàiyì	bāokuò	niánlíng	miànmào	bānyòng
隔壁	门票	八卦	怪异	包括	年龄	面貌	搬用

hàipà 害怕	bǎoguì 宝贵	bǎowēn 保温	hēirén 黑人	qiàtán 洽谈	qiàdàng 恰当	hékuàng 何况	piāodòng 飘动
bàofā 爆发	huābái 花白	bàofèi 报废	huáguì 华贵	qiángbì 墙壁	bēiāi 悲哀	qiánghuà 强化	huáibào 怀抱
bèihòu 背后	sāorǎo 骚扰	bǐfēn 比分	huíqù 回去	táotài 淘汰	bìbō 碧波	huángdòu 黄豆	qiáoliáng 桥梁
hùnhé 混合	tiēqiè 贴切	bìxū 必须	tèsè 特色	bǐsài 比赛	jiǎojié 皎洁	jiāqiáng 加强	tónghuà 童话
bīnkè 宾客	jìnhuà 进化	tóupiào 投票	bìngtà 病榻	kāipì 开辟	tuīsuàn 推算	bōdòng 波动	kuángxiào 狂笑
kàndài 看待	wādì 洼地	bóài 博爱	wàibù 外部	bódòu 搏斗	kuāyào 夸耀	kètáng 课堂	liúdòng 流动
wàimào 外贸	dàguà 大褂	wánbèi 完备	wǎnhuí 挽回	diūdiào 丢掉	zuǐchún 嘴唇	wúqióng 无穷	wánghòu 王后
duìzhào 对照	màijìn 迈进	wēihài 危害	èliè 恶劣	mànmà 谩骂	wēndài 温带	yāngqiú 央求	wéiqiáng 围墙
yǐwài 以外	xiāomiè 消灭	yīngér 婴儿	wòshǒu 握手	xiàolù 效率	wēnnuǎn 温暖	xiàngpí 橡皮	dāngdài 当代
yǔwén 语文	wùjià 物价	xiàjí 下级	xiāohuà 消化	yāoguài 妖怪	xiōngpú 胸脯	zhǔzhāng 主张	zhuózhòng 着重
yǐjí 以及	yōudài 优待	mázuì 麻醉					

三、多音字、异读音

请用手机微信扫二维码,
学习"语音示范"

àihào 爱好	cānyù 参与	múyàng 模样	hǎodǎi 好歹	kàndài 看待	móxíng 模型	kuàilè 快乐	āigèr 挨个儿
āijìn 挨近	bàodá 报答	gěiyǐ 给以	áidǎ 挨打	jǐyǔ 给予	bǎbǐng 把柄	gāozhǎng 高涨	bàomíng 报名
bàofèi 报废	bǎwò 把握	dāying 答应	gōuhuà 勾画	bǎngzi 膀子	díquè 的确	gòu·dàng 勾当	bāoguǒpí 剥果皮
dāngdài 当代	guānqiǎ 关卡	guànjūn 冠军	kǎpiàn 卡片	bōxuē 剥削	qiàdàng 恰当	xuèguǎn 血管	pángguāng 膀胱
kǎchē 卡车	bóruò 薄弱	kànfǎ 看法	hěnbáo 很薄	zǒngděi 总得	bēnpǎo 奔跑	diàodòng 调动	tiáozhěng 调整
diāndǎo 颠倒	hésuàn 核算	bièniu 别扭	dàoguà 倒挂	biànbié 辨别	dǎdian 打点	héngsǎo 横扫	líhúr 梨核儿

bèihòu 背后	bēidài 背带	fēnsàn 分散	hánliàng 含量	cáikuài 财会	fǎngfú 仿佛	dòngtan 动弹	héngliáng 衡量
chāé 差额	fódiǎn 佛典	liánlei 连累	chābié 差别	fófǎ 佛法	huàjuàn 画卷	néngliàng 能量	chàdiǎnr 差点儿
fójiào 佛教	xíjuǎn 席卷	chǔlǐ 处理	fójīng 佛经	jiǎodù 角度	chǔyú 处于	fósì 佛寺	miǎnqiǎng 勉强
fóxiàng 佛像	jiǎogēn 脚跟	chǔjué 处决	gàilǜ 概率	hùnhé 混合	dàochù 到处	shuàilǐng 率领	chéngchǔ 惩处
huósāi 活塞	chùchù 处处	zǔsè 阻塞	jiāqiáng 加强	kùnnan 困难	juésè 角色	chuànglì 创立	chùzhǎng 处长
yuèqǔ 乐曲	qiāoqiāo 悄悄	qūjiě 曲解	qūfú 屈服	sànluò 散落	xuèyā 血压	qiǎoshēng 悄声	chuāngshāng 创伤
wānqū 弯曲	sǎnwén 散文	xuèyè 血液	niǔqū 扭曲	luòrì 落日	chūxiě 出血	liúchuán 流传	sàngshī 丧失
nènlǜ 嫩绿	yìngyòng 应用	lǜhuà 绿化	tuísàng 颓丧	yìngchou 应酬	lǜzhōu 绿洲	yīngdāng 应当	sāngzàng 丧葬
sàozhou 扫帚	zhāshi 扎实	dǎsǎo 打扫	bāozā 包扎	nìngkě 宁可	sècǎi 色彩	zhēteng 折腾	yālùjiāng 鸭绿江
nìngkěn 宁肯	xiāngsì 相似	zhédié 折叠	sìhū 似乎	zhé·mó 折磨	piànkè 片刻	piànmiàn 片面	zhèngzhuàng 症状
lèisì 类似	zhàopiàn 照片	shìde 似的	zhēngjié 症结	shàonǚ 少女	nánshòu 难受	pǐnzhǒng 品种	zhàopiānr 照片儿
quēshǎo 缺少	nánmiǎn 难免	suōduǎn 缩短	zháojí 着急	kǔnàn 苦难	qiángdào 强盗	zháoliáng 着凉	gēngzhòng 耕种
wěisuí 尾随	pēnsǎ 喷洒	fǎnxǐng 反省	chénzhuó 沉着	pēnshè 喷射	shèngnù 盛怒	chóngdié 重叠	zhuózhòng 着重
pūgai 铺盖	cèzhòng 侧重	diànpù 店铺	dàoshǔ 倒数	qīnqiè 亲切	tiāoti 挑剔	chéngfàn 盛饭	shuāngchóng 双重
wǎsī 瓦斯	zhuànyou 转悠	qiángdà 强大	tiǎobō 挑拨	qiēchú 切除	qiángdiào 强调	xuánzhuǎn 旋转	tánhuáng 弹簧
zhuǎnjiāo 转交	qiángdù 强度	wéinán 为难	zhuǎnbō 转播	wèile 为了	qiánghuà 强化	tōngyòng 通用	zhuǎnliǎn 转脸
qiángliè 强烈	xìtǒng 系统	zuàntóu 钻头	xīngfèn 兴奋	zuānyán 钻研	fēixíng 飞行	qiǎngqiú 强求	zhuǎnbiàn 转变
zuōfang 作坊	sāshǒu 撒手	zuòzhě 作者	sāhuǎng 撒谎	xiānwéi 纤维	dédào 得到	sǎzhǒng 撒种	hángdang 行当

四、三音节、四音节词语

请用手机微信扫二维码,
学习"语音示范"

(一) 三音节词语

bāxiānzhuō 八仙桌	bàngōngshì 办公室	gōngzuòrì 工作日	bàndǎotǐ 半导体	gōngyǒuzhì 公有制
gōngshāngyè 工商业	bìránxìng 必然性	bìxūpǐn 必需品	gǔlánjīng 古兰经	bìléizhēn 避雷针
guówùyuàn 国务院	gòngchǎndǎng 共产党	biànyāqì 变压器	hāmìguā 哈密瓜	hézuòshè 合作社
biāozhǔnhuà 标准化	hónglǐngjīn 红领巾	biànzhèngfǎ 辩证法	búzàihu 不在乎	hóngwàixiàn 红外线
bùyóude 不由得	huàwàiyīn 画外音	cānyìyuàn 参议院	huángshǔláng 黄鼠狼	jīxièhuà 机械化
chángjǐnglù 长颈鹿	jīběngōng 基本功	chūfādiǎn 出发点	jīnsīhóu 金丝猴	chángbìyuán 长臂猿
dànbáizhì 蛋白质	jǐnbiāosài 锦标赛	jìnhuàlùn 进化论	cuīhuàjì 催化剂	kāiwánxiào 开玩笑
chuánrǎnbìng 传染病	dàduōshù 大多数	kēxuéjiā 科学家	dàqìcéng 大气层	láodònglì 劳动力
láodòngzhě 劳动者	dàxuéshēng 大学生	dǎngùchún 胆固醇	liǎngkǒuzi 两口子	dǎnxiǎoguǐ 胆小鬼
liúshēngjī 留声机	lùyīnjī 录音机	chuàngzàoxìng 创造性	dāngshìrén 当事人	diàncíbō 电磁波
māotóuyīng 猫头鹰	diànshìtái 电视台	ménggǔbāo 蒙古包	luóxuánjiǎng 螺旋桨	piǎobáifěn 漂白粉
dònghuàpiàn 动画片	fǎxīsī 法西斯	niúzǎikù 牛仔裤	fāngfǎlùn 方法论	nóngchǎnpǐn 农产品
fāngxiàngpán 方向盘	ǒuránxìng 偶然性	fèihuóliàng 肺活量	pànjuéshū 判决书	fúwùyuán 服务员
níhóngdēng 霓虹灯	pīngpāngqiú 乒乓球	gēnjùdì 根据地	qīngméisù 青霉素	xiǎnwēijìng 显微镜
qīngyīnyuè 轻音乐	shēngchǎnlì 生产力	rǎnsètǐ 染色体	xùdiànchí 蓄电池	rénmínbì 人民币
xiāofèipǐn 消费品	sānlúnchē 三轮车	yánjiūshēng 研究生	xiǎohuǒzi 小伙子	shèhuìxué 社会学

yībèizi
一辈子

shénjīngzhì
神经质

yìshùjiā
艺术家

yíngguāngpíng
荧光屏

shìjièguān
世界观

yǒngtàndiào
咏叹调

shōuyīnjī
收音机

yòuéryuán
幼儿园

shǒugōngyè
手工业

yuáncáiliào
原材料

suǒyǒuzhì
所有制

yuánwǔqǔ
圆舞曲

zérèngǎn
责任感

tàiyángxì
太阳系

tàiyángnéng
太阳能

tángniàobìng
糖尿病

zhǐnánzhēn
指南针

zhǔrénwēng
主人翁

zhuómùniǎo
啄木鸟

tuōlājī
拖拉机

tǐyùchǎng
体育场

wàngyuǎnjìng
望远镜

zìránjiè
自然界

zìzhìqū
自治区

wéishēngsù
维生素

tǐyùguǎn
体育馆

wěiyuánhuì
委员会

请用手机微信扫二维码，
学习"语音示范"

（二）四音节词语

ānjūlèyè
安居乐业

bùkěsīyì
不可思议

détiāndúhòu
得天独厚

bùkěyīshì
不可一世

dàxiāngjìngtíng
大相径庭

déxīnyìngshǒu
得心应手

búsùzhīkè
不速之客

dúyīwúèr
独一无二

bùyánéryù
不言而喻

chàngsuǒyùyán
畅所欲言

bùyǐwéirán
不以为然

fēitóngxiǎokě
非同小可

bùyuēértóng
不约而同

fènbùgùshēn
奋不顾身

céngchūbùqióng
层出不穷

yīsībùgǒu
一丝不苟

fāngxīng-wèi'ài
方兴未艾

fēngchídiànchè
风驰电掣

gùmíngsīyì
顾名思义

chìshǒukōngquán
赤手空拳

chūlèibácuì
出类拔萃

hǎishìshènlóu
海市蜃楼

chūqíbúyì
出其不意

hànliújiābèi
汗流浃背

chuānliúbùxī
川流不息

huànrányīxīn
焕然一新

cǐqǐbǐfú
此起彼伏

qiánpūhòujì
前仆后继

qiányímòhuà
潜移默化

fēngqǐyúnyǒng
风起云涌

qīngéryìjǔ
轻而易举

yìyángdùncuò
抑扬顿挫

qíngbùzìjīn
情不自禁

yǒudìfàngshǐ
有的放矢

qīngmiáodànxiě
轻描淡写

yǔrìjùzēng
与日俱增

rúshìzhòngfù
如释重负

sīkōngjiànguàn
司空见惯

zhèněryùlóng
震耳欲聋

yǔzhòngxīncháng
语重心长

sìshìérfēi
似是而非

zhōuérfùshǐ
周而复始

tiānjīngdìyì
天经地义

zhūrúcǐlèi
诸如此类

yīmùliǎorán　　　　zìlìgēngshēng　　　　zìshǐzhìzhōng　　　　yīfānfēngshùn
一目了然　　　　　自力更生　　　　　自始至终　　　　　一帆风顺

zìyǐwéishì　　　　yīchóumòzhǎn
自以为是　　　　　一筹莫展

第二节　短文朗读训练

一、朗读的基本要求

(一) 发音准确,吐字清晰

发音准确是指熟练掌握普通话,做到发音时声母、韵母、声调准确到位,音节完整,读音正确。吐字清晰,要克服口齿不清、吐字含混的现象,注意吐字归音的训练。

(二) 语调自然,语句流畅

语调不可过于夸张,不可平直单调,还要注意克服方言语调,流畅包括不割裂语意,不磕磕巴巴,不丢字、添字,不颠倒重复,注意"慢读快看"的训练。

(三) 速度快慢适中

朗读时速度过快,容易使自身反应不过来,出现"卡壳"、读破句,造成停连不当的错误。

二、朗读的基调

(一) 阅读理解

首先要熟悉作品,从理性上把握作品的思想内容和精神实质。只有透彻的理解,才能有深切的感受,才能准确地掌握作品的情调与节奏,正确地表现作品的思想感情。

第一,了解作者当时的思想和作品的时代背景。

第二,深刻理解作品的主题,这是深刻理解作品的关键。

第三,根据不同体裁作品的特点,熟悉作品的内容和结构。对于抒情性作品,应着重熟悉其抒情线索和感情格调。对于叙事作品,应着重熟悉作品的情节与人物性格。对于论述文,需要通过逐段分析理解,抓住中心论点和各分论点,明确文章的论据和论述方法,或者抓住文章的说明次序和说明方法。总之,只有掌握了不同作品的特点,熟悉了作品的具体内容,才能准确地把握不同的朗读方法。

（二）设计方案

就是在深刻理解作品内容的基础上,设计如何通过语音的具体形象把原作的思想感情表达出来。

第一,要根据不同文体、不同题材、不同语言风格,以及不同听众对象等因素,来确定朗读的基调。

第二,对整个作品的朗读方案应有总体考虑。例如,作品中写景的地方怎么读？作品的高潮在什么地方？怎么安排快慢、高低、重音和停顿？等等。

三、朗读的技巧

对于特定的朗读作品,应试者可以先根据作品的思想内容确定其感情基调,然后根据其感情基调确定全篇节奏和语速,最后根据上下文文义确定朗读时语音的轻重、停连和句调等。

（一）吐字

吐字的技巧不仅关系到音节的清晰度,而且关系到声音的圆润、饱满。要吐字清楚,首先要熟练地掌握常用词语的标准音。朗读时,要熟悉每个音节的声母、韵母、声调,按照它们的标准音来发音。其次,要力求克服发音含糊、吐词不清的毛病。这类毛病一是在声母的成阻阶段比较马虎,不大注意发音器官的准确部位;二是在韵母阶段不大注意口形和舌位;三是发音吐字速度太快,没有足够的时值。朗读跟平时说话不同,要使每个音节都让听众或考官听清楚,发音就要有一定力度和时值,每个音素都要到位。平时多练习绕口令就是为了练好吐字的基本功。

（二）停顿

停顿是指有声语言表达中声音暂时的间歇、休止和中断,常出现在句子内部词语之间、句子与句子之间、段落层次与段落层次之间。停顿或是生理上的需要,停下来换换气;或是结构和语意表达上的需要,为了反映一句话里面的语法关系和充分表达思想感情。所以,停顿有调节呼吸、调整节奏、使语意鲜明的作用。停顿可以分为语法停顿和强调停顿两种。

1. 语法停顿

语法停顿是指为反映句子、句群等结构关系而作的停顿。从意义上的联系来看,词与词可以结合在一起,构成一个意义整体,这就叫作“意群”。意群可大可小,在较大的意群里,还可以按照疏密不同的意义关系和结构层次再划更小一些的意义单位,这就叫作“节拍群”(在诗歌中常把一个节拍群称作一个“音步”)。朗读中的停顿,大体都是出现在意群和节拍群后面的。意群和节拍群,往往和短语或句子语法结构直接联系起来,书面上一般用标点符号来表示。语法停顿的长短跟标点符号所表示的结构层次大致相应。一般来说,停顿的时间以顿号为最短,逗号稍长,分号和冒号再长一点儿,句号、问号、叹号更长一点儿,省略号、破折号则根据表意的需要可长可短。

2. 强调停顿

强调停顿是指在没有标点的地方,为了强调语意、观点或表达某种感情所作的停顿,或者在有标点的地方做比原来较长或较短的停顿。通常,标注时“/”表示停顿,用“//”或“///”表示停顿的时间更长。

强调停顿不受语法规则的制约,它是根据感情的需要来决定的。它可以跟语法停顿一致,也可以在语法停顿的基础上延长或缩短停顿的时间(在有标点的地方缩短停顿,即连接);还可以跟语法停顿不一致。朗读者要以表达的内容和具体的语句为依据,以思想感情的变化为前提来确定。例如:

白杨树实在是/不平凡的,//我赞美/白杨树!///

这次第,怎一个/愁字了得!

前一例中的停顿,是为了突出白杨树的不平凡;后一例中的停顿,是为了突出强调作者孤独、凄凉、愁苦的心境。

强调停顿一般分为前停、后停、前后都停三种。前停就是在被强调的字词或结构前面进行停顿,起到引起听者注意和带来期待的作用。后停就是在被强调的字词或结构后面进行停顿,起到让听者领会、回味作品意蕴的作用。前后都停是强调两个停顿之间的字词或结构,它突出了中间部分的语意,给人以深刻的印象。

需要注意的是,句中的停顿,句子之间、段落之间的停顿,其时间的长短都不是绝对的,必须根据语言环境和表达的需要恰当掌握。停顿只是声音的中断,不是感情的中断,朗读要做到音停意不断,音断情相连。

（三）重音

重音是在词和语句中,运用声音形式着意强调的音。重音能准确体现词语、句子的主次关系,便于听众正确领会词语或句子的意思。重音有词重音和句重音两种。

1. 词重音

双音节和多音节词里都有一个读音比较重的音节,这个重读的音节就是词的重音。普通话的词重音有一些基本的格式。词的轻重音格式与词的结构有关。

双音节词语多数是"中-重"格式,如"徘徊""火车""人民""祖国"等,少数是"重-轻"格式,如"壮实""枕头""月亮""商量""便宜"等。三音节词语多数是"中-次轻-重"格式,如"研究生""西红柿""自行车""热乎乎",少数是"中-重-轻"格式,如"同志们",极少数是"重-轻-轻"格式,如"朋友们""媳妇们"。四音节词语绝大多数是"中-次轻-中-重"格式,如"北京大学""光明日报""雄心壮志""奥林匹克"。

词在句子中除了保持原来的轻重音格式外,由于在句子中的特定含义不同,语法作用不同,有些词读起来会重一些,有些词读起来会轻一些。大体上实词比虚词重一些,所以朗读时,一般不要把虚词(介词、连词、助词、语气词)读成重音。

2. 句重音

句重音是语句中用声音形式着意强调的音。它一般分为语法重音和强调重音两种。

（1）语法重音。根据语法结构特点而把句子的某部分予以强调的,叫语法重音。语法重音的位置比较固定,有一定的规律性。一般来说,短句子中的谓语,句子中的定语、状语、补语,句子中的疑问代词、指示代词读重音。例如:"水开了。""他迅速地跑了。""谁在唱歌?""你的书在这儿。"此外,体现逻辑关系的关联词、表示判断的主要词语如"可以""行""不好"等读重音。

（2）强调重音。为了表示特殊的意思和感情,将句子中的某个词语突出强调的,叫强调重音。强调重音是根据说话人的意图来确定的,没有固定的位置,重音位置不同,表意重点不同。如何确定重音,一定要联系语境,根据语境挖掘出句子背后隐藏的含义。隐含意义反映语句的本质和联结,把隐含意义挖掘出来了,言语目的就明确了,重音位置也就确定了。例如"他来了"这句话,如果隐含意义是"我没有请他,他怎么来了",重音就放在"他"上,表示吃惊、不高兴等心情;如果隐含意义是"我正打算去找他,他来了,太好了",重音就放在"来"字上,表示高兴,喜出望外。

一般来说,句子中表示语意的并列、对比、呼应性的词语,表示比喻、夸张、特指的词语,表示爱憎、兴奋、悲哀等感情的词语是重音。例如:

竹叶烧了,还有竹枝,竹枝断了,还有竹鞭,竹鞭砍了,还有深埋在地下的竹根。

要求于人的甚少,给予人的甚多,这就是松树的风格。

他高兴得跳了起来。

重音的读法是相对的,不是一味无限制地加大音量,其表现方法常见的有以下四种。

一是加强音量,即把某些词语读得重一些,响一些,使音势增强。

二是拖长音节,即把重音节拉长,用延长音节的办法突出重音。

三是轻读,即用减轻音量的方法在对比中突出重音,以轻显"重"。

四是运用停顿,即通过在重音的前面或后面停顿来以停显"重"。

句子重音的情况比较复杂,除了以上所说的这些语法格式重音外,还有强调重音、语义重音等,需要朗读者认真琢磨要朗读的作品,才能准确把握。

(四) 语调

语调是指一个句子声音高低升降的变化,其中以结尾的升降变化最为重要,一般是和句子的语气紧密结合的。应试者在朗读时,如能注意语调的升降变化,语音就有了动听的腔调,听起来便具有音乐美,也就能够更细致地表达不同的思想感情,反映说话人对事物的态度。句子尾音的抑扬是句调的主要标志,按照句子末尾非轻声音节的抑扬变化,句调可以分为四种类型。

(1) 平直调全句没有明显的高低升降变化,调子始终保持同样的高低。常用来表示严肃、冷淡或叙述的语气。例如:

中国西部我们通常是指黄河与秦岭相连一线以西,包括西北和西南的十二个省、市、自治区。

（2）高升调调子由平升高，句末明显上扬。常用来表示反问、疑问、惊异、号召等语气。例如：

难道真是有钱就幸福吗？

（3）降抑调调子先平后降，句末明显下降。常用来表示肯定、感叹或请求等语气。例如：

你就让他走吧。

（4）曲折调调子升高再低，或降低再升。常用来表示含蓄、讽刺或意在言外等语气。例如：

八八六十三，哎呀，你真是太聪明了！

以上语调只是一个简单的归纳，其依据是句子末尾音节的抑扬变化，在实际语流中，高低升降的变化贯穿于全句。如"走过来的是谁？"的语调在"走"字处较高，"过"字略上升，"来"和"的"字稍下降，"谁"上升到最高，整个句子声音的高低变化是交错进行的，并不是一味的升高，或一味的降低。

（五）情感

朗读短文时如果能有感情地朗读当然是最好的，要真正理解作品才能做准确的情感处理，否则就有造作之感。

1. 慈爱之情

一般适用长辈对晚辈的关切、怜爱、鼓励等情景，朗读时面部作亲切和蔼状，用气徐缓，声音柔和。

2. 喜悦之情

表现方式：面露喜悦兴奋之色，气息饱满，声音高亢。

3. 悲哀之情

表现方式：面显悲痛之色，气息下沉，声音缓慢沉重。

4. 愤怒之情

表现方式：面带怒意，怒目圆睁，气粗声重。

5. 嘲讽之情

表现方式：面露嘲笑讽刺之色，气息浮漂，声音跳跃。

此外，还有恐惧之情、冷漠之情、急切之情、憎恶之情、凝思之情、谄媚之情等，要仔细体味，准确地运用情感，并把情感表现与气、声的处理结合起来。

（六）节奏

节奏是显示于全篇的轻重缓急、抑扬顿挫的回环往复。语言的节拍是衡量语言节奏的单位，语节内词语密，语流就快，词语少，语流就慢。语流的快慢体现了语言的节奏。语言的节奏与语速有一定的关系。语速是指朗读或说话时语流的快慢。

1.制约语速的各因素

首先，语速的快慢与文章的节奏类型密切相关。语速可以分为中速、快速和慢速三种。中速一般用于感情没有多大变化的地方，或者用于一般的记叙、议论和说明的场合。快速一般用于表示紧张、激动、惊惧、愤恨、欢快、兴奋的心情，或者用于叙述急剧变化的事情，刻画人物活泼、机警、热情、狡猾的性格，表示说话人斥责、质问和雄辩的声态等。慢速大多用来表示沉重、悲伤、哀悼、沮丧的心情，或用来叙述平静、庄重的情景，还可以起强调的作用。

其次，语速的快慢与人物说话时的心境有关，一般是激动时如快乐、激怒、慌乱等，就说得较快，而心情平静或沉重时则说得较慢。

最后，语速与人物性格也有关，性格活泼开朗的人说话较快，性格内向沉稳的人说话较慢。细究起来，还与年龄、性别等有关。

2.节奏变化与语速转换

前述节奏类型是就一篇文章整体节奏而言。实际上，一篇文章里往往包含几种不同的节奏类型，语速有快有慢，只是主次有别。这里就有个节奏变化带来的语速转换问题，转换得恰到好处才叫合体。

一篇作品的节奏不一定是单一的，往往随着内容情节的变化，节奏也会相应发生改变。因此在朗读过程中，节奏必须因文而异，切忌死板单一，一统到底。

第三节　命题说话训练

一、命题说话的特点

（一）半即兴方式

命题说话的题目公开，应试者可提前准备，临场发挥。

（二）限定性表达

应试者可以在供选择的两个题目中确定一个,按照要求完成 3 分钟的表述。不得跑题、换题。

（三）表述口语化

使用口语化词汇,吐字清楚,停连得当,表述连贯;话语结构简明,短句子多。

（四）语言规范化

不能有"背读痕迹",力求口语的自然、规范,不使用方言词汇和方言语法。

二、命题说话的要求

（一）准确简洁,流畅明快

要求语音、词汇、语法规范,表达确切清晰,阐述分寸适度,严谨精炼。语言脉络清楚,通俗明白,逻辑性强,语流通畅。

（二）语音自然,语调适宜

说话时要按照日常标准普通话口语的语音、语调来说话,不要带有背诵、朗诵、演讲腔调。语气要亲切、自然、朴实无华,适合表达内容和情感抒发的需要。

（三）生动活泼,内涵丰富

命题说话应通俗易懂、平易自然。多用口语词,少用书面语、古语词,不用生僻词、同音词、专业词语、容易产生歧义的词语,不在说话中夹杂不规范的时髦用语、带有阶层团体色彩的特殊用语。注意所选材料的生动性、形象性、具体性。

（四）结构合理,适切语境

做到结构有序,层次清楚,过渡自然。说话所采用的结构要考虑 3 分钟这个时间要求,以及测试员听觉的"同步评判"特点,不宜采用过于复杂或跳跃性强的结构,而应选择较为简单的结构。

（五）言思同步,应变自如

应试者需要迅速确定话题、明确主旨、构建结构、扩展话语,并做到"言思同步"。要善于把自己不太熟悉、不能完全驾驭的题目转化为自己熟悉的内容,学会限制大的话题,巧妙地转化为具体的话题,化繁为简、化大为小。

三、命题说话的技巧

(一) 应试心理准备

命题说话时怯场、应试时状态不佳的应试者并不少见。平时不说或很少说普通话,测试前备考不充分,或普通话基础一般,又没有参加测前培训等,是问题产生的主要原因。解决问题的办法有两点:

第一,平时要坚持讲普通话,或者从参加普通话培训学习开始就试说普通话,这对应试者而言,就是普通话思维能力和心理素质的潜移默化的训练,应试时才会有平静自然的心态,甚至可能进入最佳状态,有超常的发挥。

第二,认真备考是不容忽视的一个重要环节。命题说话不能像其他测试那样"照读",也不允许"背读",其半即兴的特点要求应试者考前必须进行认真准备,如给每个题目编一个提纲,试着说一说。考前准备充分,做到心中有数,自然临考不惧。

(二) 审题分类

审题分类是说话准备过程中最重要的环节。审题不当,就会导致跑题偏题、结构混乱、言语不畅。普通话水平测试用的话题,大体可以分作三类。

1. 叙述描写类

记人:老师、朋友、尊敬的人、我欣赏的历史人物等。

记事:我的理想(或愿望)、假日生活、童年生活、体育运动的乐趣、让我快乐的事情、让我感动的事情、难忘的旅行等。

叙述类的话题,要求中心突出、内容具体、线索清楚,注意表达的顺序,交代清楚人物、时间、地点以及事情的发生、发展过程和结局。描写类题目的说话,要用形象生动的语言把描述对象的特征再现出来。

2. 介绍说明类

我喜爱的植物、我的兴趣爱好、我喜欢的季节(或天气)、印象深刻的书籍(或报刊)、我喜欢的美食、我所在的学校(或公司、团体、其他机构)、我了解的地域文化(或风俗)、我喜爱的动物、我喜欢的节日、我喜欢的职业(或专业)、向往的地方、我喜爱的艺术形式、我了解的十二生肖等。

介绍说明类题目的说话,要通过科学细致的观察,运用分类说明、举例说明、引用说明等说明方法,比较全面地介绍说明对象的整体面貌。

3. 议论评说类

谈谈卫生与健康、对亲情(或友情、爱情)的理解、谈传统美德、对美的看法、网络时代的生活、对垃圾分类的认识、如何保持良好的心态、对幸福的理解、谈个人修养、科技发展与社会生活、谈中国传统文化等。

议论评说类题目的说话,要求观点明确,论证有序,材料具体,结构比较完整。

上述分类不是绝对的,尤其是叙述描写类与介绍说明类的话题,并无严格的界限和区别。如"我的学习生活",可以用介绍说明的方式进行表述;"我向往的地方"也可以转化为叙述、描写类的话题。

(三) 确立中心

普通话命题说话的 50 个话题,只确定了说话内容的大致范围,没有限定具体的内容。如"向往的地方",可以介绍某地方的景致、人物风情,也可以讲述为什么向往那个地方等。应试者在备考时,要认真分析题目的意思、话题的指向、限定的范围、话题所包含的情感色彩,并根据自己的具体情况(个人的经历、知识的积累、最熟悉的材料等),准确定位,以确立每个话题的中心——说话的主题,并以此作为构建命题说话结构布局的依据。

(四) 结构布局

结构布局是命题说话构思的基本框架。命题说话对应试者而言,有一定的主动权,因为 50 个话题是公开的。一般的应试者,在考前备考时,可以按 50 个题目所确定的话题中心,编写说话提纲,确定每个话题的结构框架。普通话基础较好的应试者,也应当熟悉 50 个话题,根据每个题目的话题中心,确定其大致的结构层次。应考时,应试者进入考场后还有几分钟准备时间,则可以回忆一下选定的题目的结构框架,迅速完成全篇的构思。命题说话的结构布局,也有一些可供依循的参考模式。

1. "三段式"结构(多用于议论评说类话题)

导入部分:说话的开头。可使用引人注意,让人感觉有趣的材料,迅速切入话题中心。

展开部分：按照时间顺序，因果顺序，提出问题→解决问题的顺序等展开话题，做好使论点或话题中心明确的结构安排。

结束部分：强调话题中心，回应、归纳要点或提出希望等。

2．"顺序式"结构(适用于议论评说、叙述描写等多种话题类型)

顺序式结构布局是简单、灵活、实用的话语结构形式。顺序式结构的主要特点是：在话题中心确定后，大体可按照"第一点、第二点、第三点……"或"首先、其次、最后"的顺序组织材料，直接、迅速地切入话题中心。如"尊敬的人"，可以按照一定的顺序，讲述其值得尊敬的几件事等；"谈社会公德(或职业道德)"，可以依序谈几点感受和认识等。如果"两点"能完成话题，"第三点"就不需要了，如果说话的时长不足，可依序加上"第四点"等。

3．"点面结合式"结构

一个论点，可以从正面、反面等不同角度来论述。如"谈个人修养"，如果话题中心是"个人修养的重要性"，可以先谈谈加强个人修养的好处，然后谈谈不注意个人修养的坏处，说话时长不足时，可以再补充谈一点好处或害处。

一件事情的体会，可以从不同角度、不同层面讲述个人的理解或感受。如"劳动的体会"，可以先谈一下过去的认识，然后再谈一下现在的感受、今后的打算等。

(五) 材料选择

话语材料是为话题服务的，而自己最熟悉的素材、经历、感受和知识积累，往往又是最终确定某一话题中心的主导因素。实际上，命题说话话题中心及结构布局确定的同时，话语素材的取舍问题就要在考虑之中。在考前的备考过程中，应试者要做的是，根据话题中心和话题结构布局精心选材。无论是议论评说类话题，还是叙事描写类话题，选取的素材都要具体可信。如"谈社会公德(或职业道德)"，可以选择几个具体、生动、有说服力的材料作为论据，适当加入一些分析，有理有序地展开论述，时间充裕，可选择一些带有情感色彩、具有启发性或富于哲理性的材料作为说话的结尾，以增强说话的感染力和说服力。叙事描写类的话题，事件的发生、过程、结果等，介绍说明类的话题，分类说明、举例说明、引用说明等，同样需要真实可信的具体材料。如"朋友"，可以讲述朋友的一件或几件印象最深的事。

四、命题说话的专项训练

（一）基本话语语段训练

1. 基本话语语段的特点

"叙述""说明""描写""议论""抒情"是五种最常见的话语语段,也是最基本的话语表达形式(简称"话语")。在不同类型(叙述、议论等)的话题中,这些话语(主要是前四种)作用不同,口语特色也不同。命题说话中根据不同的话题有所侧重地运用这些话语表达形式,将会收到比较理想的效果。

（1）叙述性话语。叙述性话语的特点是具体、词语平实无华。在叙述类话题中常用于表述人物、事件的发生和发展等;在议论评说类话题中,常以真实可信的事实讲述作为论题的论据,有时也用作过渡性语言。叙述性话语在口语表达中,语速适中,节奏变化小,语调平直。

（2）说明性话语。说明性话语的特点是简明、真实、准确。常用于介绍或解释事物的性质、特点、状态、成因、功能等。其口语特点是吐词清晰、语速较慢、语调平直。

（3）描写性话语。描写性话语辞藻华丽,形象生动,常用于人物形象、动作、心理的刻画,场景描写,气氛的烘托、渲染等。其口语特点是语速、节奏较慢,富于情感色彩,感染力强。它往往是话题高潮的前奏,或直接形成话题的高潮。

（4）议论性话语。议论性话语是议论评说类话题中不可缺少的成分,有时也用在介绍说明类话题中。它一般是在叙述的基础上,对某个问题、某件事情进行评论,表明自己的观点或态度。其口语特征是语速、节奏较快,变化也较大,语调的抑扬也比较明显。议论性话语应做到态度鲜明、有的放矢、针对性强。

（5）抒情性话语。抒情性话语在命题说话中一般很少出现。直接和间接抒情,一般是在叙述、描写的基础上产生的,常常伴随着议论而发生,并往往形成话题的高潮。

2. 训练方法

（1）单项训练。

叙述:讲述自己熟悉的一件事的发生、发展过程,或讲述一个具体、真实的事实作为一个论点的论据。词语平实无华,语速较慢,语调平直自然,内容比较完整,时长控制在1分钟左右。

描述:描述自己熟悉的人物的行为特征、神态、说话的语气,或选择生活中一些特定的场景进行描述,如久别重逢、成功时刻等。语言生动形象,语速较慢,富于情感,要求抓住特点,时长控制在半分钟左右。

议论:摆出一个事实,即兴而发,用简明、具有理性思辨色彩的话语,从正面或反面进行分析(评述),并阐明自己的看法。观点要鲜明,语调要有起伏,语速、节奏要有明显的变化,时长控制在1分钟左右。

(2)综合训练。

应试者在备考时,可以按照话题中心,有目的地选择"叙述性话语(论点)""叙述性话语(论据)""议论性话语(分析)"进行结构布局,对不同的语言形式,采用不同的口语表达方法(语速、节奏、语调等)进行试说试讲,体会它们的差异和表达效果,从综合运用的角度入手,达到综合训练的目的。

(二)话题转换训练

在测试规则允许的范围内,应试者可以利用话题内在的相关性进行话题转换,打开思路。话题转换的好处是:可以化难为易,变被动为主动,同时,这种比较灵活的处理办法也有利于应试者思维能力的训练和培养。

1. 话题转换的方法

在备考时,如果你觉得"我的愿望"一题不太好处理,可借助链接的方法,通过开头的巧妙转换,直接转入自己熟悉或比较有把握的话题,并选择最有把握的话题中心和自己最熟悉的材料,来完成自己的备考和测试。如下面的话题转换方法:

我的理想(或愿望)

我喜欢的职业(或专业):我的愿望是做一名职业经纪人,这也是我最喜爱的职业……

难忘的旅行:我的愿望是去香格里拉旅行,去年我终于实现了这一梦想……

向往的地方:神秘的西双版纳是我向往的地方,去那儿感受大自然、拥抱大自然,是我多年的愿望……

我喜欢的美食:我很讲究吃。我还记得爸爸给我做的小甜饼那种香喷喷的味道。给爸爸妈妈做上几道美味佳肴,让他们也享享福,是我一个小小的愿望。

2. 训练方法

应试者在备考时，可事先对存在内在联系、可以进行转化的话题进行分析，找到转化的对应话题。如"我的愿望"，转化对象是"我向往的地方"，即可直接按照转化后的话题"我向往的地方"，确定话题中心，安排篇章布局，组织相关材料，进行备考训练。

(三) 命题说话试讲训练

1. 照讲稿复述训练

对于初学普通话、普通话基础较差或不善于口语表达的应试者来说，马上进行脱稿命题说话会有一定的困难，照讲稿复述训练则是一种很有效的过渡方法。复述是按照原有材料重复述说，它以熟记原始材料为基础。复述有详细复述、简要复述、扩展复述、变角度复述等。详细复述是接近原材料的复述，照讲稿复述是一种宽泛的详细复述，它要求应试者把握话语中心，忠于讲稿的基本框架和表达顺序，突出重点词句；话语要清楚、连贯，语速以中速为宜，保持原稿的话语基调。

应试者在复习备考时，可以写一两篇命题讲稿。训练时，先读几遍原稿，熟悉命题讲稿的详细内容，然后先选择一两段进行复述（每段100字左右），如果比较顺利，再进行全稿的详细复述，最终达到半即兴命题说话水平。

2. 依照提纲的说话训练

依照提纲的说话，即先写出命题说话某个话题的提纲（根据个人的具体情况可简可详），再根据提纲，完成整个话题的讲述。它要求应试者事先做好充分的准备，对整个说话的结构、材料有整体认识。说话的提纲应该包括以下部分：话题中心或论点，结构形式；开头、过渡、发展、结尾；主要材料及备用材料。提纲可采用提要的形式或图表的形式，简明扼要地反映出说话的所有准备。

依照提纲进行说话训练，可以先分段试讲，第一段的讲述，时间控制在1分钟之内，第二段在2分钟之内。按整个提纲讲完，应不少于3分30秒（留有余地）。

3. 半即兴说话训练

普通话水平测试的命题说话，是半即兴的命题说话，它要求应试者抽到说话题目后，选择其一，在完全无文字依托的情况下，根据考前所做的准备，迅速构思成篇,并完成 3 分钟的说话。半即兴说话训练,实际上就是普通话水平测试"命题说话"的实战训练和演习。

训练方法:随意抽一个题目,默想(回忆)一下原先构拟的说话提纲。脑海里迅速完成全篇说话的结构布局,补充相关的材料,稍加思索,即开始全篇的试讲。

五、普通话水平测试说话题目50个

普通话水平测试用的 50 个说话题目,既是普通话水平测试指定的命题说话题目,也是普通话命题说话项的训练题目。

普通话水平测试用的 50 个说话题目,是对命题说话范围的确定,并不限定命题说话的具体内容。以下是 50 个说话题目:

1. 我的一天

2. 老师

3. 珍贵的礼物

4. 假日生活

5. 我喜爱的植物

6. 我的理想(或愿望)

7. 过去的一年

8. 朋友

9. 童年生活

10. 我的兴趣爱好

11. 家乡(或熟悉的地方)

12. 我喜欢的季节(或天气)

13. 印象深刻的书籍(或报刊)

14. 难忘的旅行

15. 我喜欢的美食

16. 我所在的学校(或公司、团队、其他机构)

17. 尊敬的人

18. 我喜爱的动物

19. 我了解的地域文化(或风俗)

20. 体育运动的乐趣

21. 让我快乐的事情

22. 我喜欢的节日

23. 我欣赏的历史人物

24. 劳动的体会

25. 我喜欢的职业（或专业）

26. 向往的地方

27. 让我感动的事情

28. 我喜爱的艺术形式

29. 我了解的十二生肖

30. 学习普通话（或其他语言）的体会

31. 家庭对个人成长的影响

32. 生活中的诚信

33. 谈服饰

34. 自律与我

35. 对终身学习的看法

36. 谈谈卫生与健康

37. 对环境保护的认识

38. 谈社会公德（或职业道德）

39. 对团队精神的理解

40. 谈中国传统文化

41. 科技发展与社会生活

42. 谈个人修养

43. 对幸福的理解

44. 如何保持良好的心态

45. 对垃圾分类的认识

46. 网络时代的生活

47. 对美的看法

48. 谈传统美德

49. 对亲情（或友情、爱情）的理解

50. 小家、大家与国家

第四节　普通话水平测试模拟试题、真题

　　本部分编选了七套普通话水平测试模拟试题的第一题、第二题,三套全国普通话水平测试真题的第一题、第二题,拼音系编者加注。其中,"一""不"轻声的注音是变调后的实际读音标注。

模 拟 试 题（一）

请用手机微信扫二维码,
学习"语音示范"

一、读单音节字词(100 个音节),限时 3.5 分钟,共 10 分。

仆(pú)	瞎(xiā)	伞(sǎn)	腿(tuǐ)	捐(juān)	丑(chǒu)	墙(qiáng)
恩(ēn)	饲(sì)	眸(móu)	峻(jùn)	貂(diāo)	癣(xuǎn)	穷(qióng)
膜(mó)	割(gē)	癞(lài)	裁(cái)	蛇(shé)	短(duǎn)	掌(zhǎng)
筏(fá)	彼(bǐ)	林(lín)	美(měi)	轰(hōng)	峰(fēng)	床(chuáng)
仄(zè)	雅(yǎ)	流(liú)	痴(chī)	述(shù)	廷(tíng)	征(zhēng)
我(wǒ)	伍(wǔ)	弱(ruò)	胚(pēi)	棍(gùn)	汤(tāng)	虫(chóng)
二(èr)	夫(fū)	穗(suì)	考(kǎo)	瞟(piǎo)	鸣(míng)	狂(kuáng)
女(nǚ)	洒(sǎ)	就(jiù)	凿(záo)	净(jìng)	匾(biǎn)	逛(guàng)
热(rè)	拨(bō)	写(xiě)	支(zhī)	盏(zhǎn)	宫(gōng)	帅(shuài)
倪(ní)	娶(qǔ)	阔(kuò)	群(qún)	鸟(niǎo)	抓(zhuā)	梦(mèng)
袜(wà)	稀(xī)	蕊(ruǐ)	鬓(bìn)	填(tián)	槐(huái)	叮(dīng)
傲(ào)	讨(tǎo)	火(huǒ)	钝(dùn)	羊(yáng)	潜(qián)	环(huán)
词(cí)	烂(làn)	黑(hēi)	接(jiē)	棕(zōng)	沈(shěn)	耕(gēng)
须(xū)	岳(yuè)	粉(fěn)	掠(lüè)	憋(biē)	蹿(cuān)	用(yòng)
缔(dì)	盆(pén)					

二、读多音节词语(100 个音节),限时 2.5 分钟,共 20 分。

加快(jiākuài)	完备(wánbèi)	迅速(xùnsù)	运动(yùndòng)
思索(sīsuǒ)	这么(zhème)	频率(pínlǜ)	通常(tōngcháng)
柔软(róuruǎn)	刷新(shuāxīn)	沉着(chénzhuó)	垦荒(kěnhuāng)
层面(céngmiàn)	窘迫(jiǒngpò)	恰好(qiàhǎo)	熊猫(xióngmāo)

平日（píngrì）　　给予（jǐyǔ）　　　专门（zhuānmén）　　行当（hángdang）

温差（wēnchā）　　农村（nóngcūn）　　灭亡（mièwáng）　　南半球（nánbànqiú）

操作（cāozuò）　　锥子（zhuīzi）　　　全部（quánbù）　　　饭盒儿（fànhér）

宁可（nìngkě）　　纤维（xiānwéi）　　顺手（shùnshǒu）　　重量（zhòngliàng）

奇怪（qíguài）　　佛学（fóxué）　　　偶尔（ǒu'ěr）　　　　主人翁（zhǔrénwēng）

赞叹（zàntàn）　　实践（shíjiàn）　　铁匠（tiě·jiàng）　　梨核儿（líhúr）

愿意（yuànyì）　　大褂（dàguà）　　　小巧（xiǎoqiǎo）　　名牌儿（míng páir）

虐待（nüèdài）　　年龄（niánlíng）　　爱国（àiguó）　　　刀把儿（dāobàr）

肥料（féiliào）

模拟试题（二）

请用手机微信扫二维码，学习"语音示范"

一、读单音节字词（100个音节），限时3.5分钟，共10分。

二(èr)	柴(chái)	旱(hàn)	吹(chuī)	讽(fěng)	舔(tiǎn)
袖(xiù)	拨(bō)	此(cǐ)	飞(fēi)	扭(niǔ)	攒(zuàn)
史(shǐ)	霜(shuāng)	素(sù)	破(pò)	软(ruǎn)	绝(jué)
孝(xiào)	允(yǔn)	荣(róng)	妈(mā)	娶(qǔ)	掠(lüè)
宾(bīn)	酶(méi)	咬(yǎo)	塘(táng)	机(jī)	女(nǚ)
裙(qún)	蕊(ruǐ)	诸(zhū)	型(xíng)	圣(shèng)	具(jù)
雾(wù)	潜(qián)	讨(tǎo)	坟(fén)	醉(zuì)	旁(páng)
卧(wò)	死(sǐ)	海(hǎi)	甲(jiǎ)	班(bān)	团(tuán)
追(zhuī)	笛(dí)	伊(yī)	灭(miè)	坤(kūn)	婶(shěn)
控(kòng)	墙(qiáng)	弥(mí)	特(tè)	碘(diǎn)	拐(guǎi)
蹿(cuān)	饼(bǐng)	熊(xióng)	瑟(sè)	日(rì)	滚(gǔn)
摘(zhāi)	宣(xuān)	影(yǐng)	窘(jiǒng)	押(yā)	拿(ná)
收(shōu)	咱(zán)	候(hòu)	培(péi)	况(kuàng)	策(cè)
洒(sǎ)	霖(lín)	镰(lián)	瓮(wèng)	哲(zhé)	郑(zhèng)
挖(wā)	捏(niē)	鳖(biē)	臻(zhēn)	搞(gǎo)	罗(luó)
泉(quán)	怒(nù)	枣(zǎo)	夸(kuā)	挡(dǎng)	灯(dēng)
怀(huái)	亮(liàng)	庵(ān)	丢(diū)		

二、读多音节词语（100个音节），限时2.5分钟，共20分。

不用(bùyòng)	讲学(jiǎngxué)	上下(shàngxià)	大气层(dàqìcéng)
杯子(bēizi)	撇开(piēkāi)	恰巧(qiàqiǎo)	体育场(tǐyùchǎng)
佛寺(fósì)	发展(fāzhǎn)	新娘(xīnniáng)	图钉儿(túdīngr)
持续(chíxù)	原理(yuánlǐ)	范围(fànwéi)	逗乐儿(dòulèr)
作品(zuòpǐn)	然而(ránér)	军队(jūnduì)	长官(zhǎngguān)
通讯(tōngxùn)	喇叭(lǎba)	挂钩(guàgōu)	率领(shuàilǐng)
热爱(rè'ài)	研究(yánjiū)	温暖(wēnnuǎn)	荒谬(huāngmiù)

抚摸(fǔmō)　　抓获(zhuāhuò)　　诚恳(chéngkěn)　　尊重(zūnzhòng)

恶化(èhuà)　　核算(hésuàn)　　条约(tiáoyuē)　　穷人(qióngrén)

疲倦(píjuàn)　　矛盾(máodùn)　　操纵(cāozòng)　　放松(fàngsōng)

财会(cáikuài)　　水鸟(shuǐniǎo)　　清楚(qīngchu)　　年头儿(niántóur)

傀儡(kuǐlěi)　　外面(wàimiàn)　　国王(guówáng)　　包干儿(bāogānr)

戒指(jièzhi)

模拟试题（三）

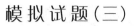

请用手机微信扫二维码，学习"语音示范"

一、读单音节字词（100 个音节），限时 3.5 分钟，共 10 分。

哭(kū)	敷(fū)	般(bān)	退(tuì)	抓(zhuā)	栓(shuān)
谎(huǎng)	坯(pī)	齿(chǐ)	举(jǔ)	除(chú)	怎(zěn)
窍(qiào)	穷(qióng)	波(bō)	梅(méi)	师(shī)	谬(miù)
透(tòu)	嗓(sǎng)	承(chéng)	磁(cí)	饼(bǐng)	揉(róu)
猜(cāi)	拢(lǒng)	晒(shài)	祥(xiáng)	铁(tiě)	髓(suǐ)
拿(ná)	四(sì)	盯(dīng)	东(dōng)	逛(guàng)	膜(mó)
帕(pà)	爵(jué)	耳(ěr)	瞎(xiā)	愤(fèn)	选(xuǎn)
取(qǔ)	槽(cáo)	闰(rùn)	国(guó)	吨(dūn)	民(mín)
捉(zhuō)	爸(bà)	容(róng)	悦(yuè)	灸(jiǔ)	轰(hōng)
描(miáo)	秧(yāng)	捞(lāo)	峻(jùn)	反(fǎn)	冷(lěng)
田(tián)	篇(piān)	影(yǐng)	迪(dí)	扯(chě)	允(yǔn)
赛(sài)	您(nín)	攥(zuàn)	站(zhàn)	蛙(wā)	蕊(ruǐ)
旗(qí)	瘾(yǐn)	脸(liǎn)	抗(kàng)	耕(gēng)	外(wài)
胁(xié)	淮(huái)	周(zhōu)	龄(líng)	官(guān)	政(zhèng)
俄(é)	黑(hēi)	苇(wěi)	洽(qià)	赔(péi)	倦(juàn)
仓(cāng)	杜(dù)	案(àn)	镍(niè)	啃(kěn)	遵(zūn)
葬(zàng)	雄(xióng)	保(bǎo)	狗(gǒu)		

二、读多音节词语（100 个音节），限时 2.5 分钟，共 20 分。

平时(píngshí)	总归(zǒngguī)	线圈(xiànquān)	生产(shēngchǎn)
你们(nǐmen)	亏损(kuīsǔn)	篡夺(cuànduó)	商品(shāngpǐn)
惨死(cǎnsǐ)	佛法(fófǎ)	预防(yùfáng)	群众(qúnzhòng)
需求(xūqiú)	告别(gàobié)	镇压(zhènyā)	能源(néngyuán)
利用(lìyòng)	丢掉(diūdiào)	窘迫(jiǒngpò)	状况(zhuàngkuàng)
对偶(duìǒu)	混合(hùnhé)	创新(chuàngxīn)	玩意儿(wányìr)
存在(cúnzài)	儿童(értóng)	强化(qiánghuà)	被窝儿(bèiwōr)

懊悔（àohuǐ）　　骆驼（luòtuo）　　衰败（shuāibài）　　面条儿（miàntiáor）

搜查（sōuchá）　　功率（gōnglǜ）　　数量（shùliàng）　　瓜瓤儿（guārángr）

耽误（dānwu）　　飞快（fēikuài）　　教训（jiàoxun）　　科学家（kēxuéjiā）

了解（liǎojiě）　　眯缝（mīfeng）　　照射（zhàoshè）　　主人翁（zhǔrénwēng）

虐待（nüèdài）　　只好（zhǐhǎo）　　难受（nánshòu）　　情不自禁（qíngbùzìjīn）

模 拟 试 题（四）

请用手机微信扫二维码，学习"语音示范"

一、读单音节字词（100 个音节），限时 3.5 分钟，共 10 分。

癌（ái）	砌（qì）	族（zú）	哑（yǎ）	尤（yóu）	券（quàn）
献（xiàn）	砂（shā）	铁（tiě）	破（pò）	巫（wū）	真（zhēn）
钓（diào）	两（liǎng）	允（yǔn）	虑（lǜ）	伞（sǎn）	渠（qú）
左（zuǒ）	头（tóu）	状（zhuàng）	谜（mí）	粗（cū）	暗（àn）
婶（shěn）	倾（qīng）	碰（pèng）	窘（jiǒng）	蕨（jué）	废（fèi）
掂（diān）	莫（mò）	黑（hēi）	玩（wán）	狗（gǒu）	此（cǐ）
爬（pá）	伐（fá）	闰（rùn）	眠（mián）	宣（xuān）	川（chuān）
热（rè）	绘（huì）	毛（máo）	抓（zhuā）	陈（chén）	若（ruò）
童（tóng）	咏（yǒng）	旬（xún）	逼（bī）	食（shí）	艇（tǐng）
音（yīn）	软（ruǎn）	碟（dié）	褶（zhě）	奏（zòu）	表（biǎo）
溺（nì）	谋（móu）	港（gǎng）	腥（xīng）	奶（nǎi）	夸（kuā）
雪（xuě）	惯（guàn）	荚（jiá）	葱（cōng）	邻（lín）	吹（chuī）
我（wǒ）	输（shū）	溃（kuì）	纺（fǎng）	赏（shǎng）	怀（huái）
割（gē）	道（dào）	丝（sī）	债（zhài）	辨（biàn）	闯（chuǎng）
找（zhǎo）	迟（chí）	帮（bāng）	劳（láo）	伴（bàn）	块（kuài）
枪（qiāng）	雷（léi）	孙（sūn）	伪（wěi）	颌（hé）	居（jū）
扭（niǔ）	枫（fēng）	津（jīn）	二（èr）		

二、读多音节词语（100 个音节），限时 2.5 分钟，共 20 分。

红军（hóngjūn）	困难（kùnnan）	公民（gōngmín）	湍流（tuānliú）
领土（lǐngtǔ）	少女（shàonǚ）	外国（wàiguó）	漂白粉（piǎobáifěn）
富翁（fùwēng）	盎然（àngrán）	纯粹（chúncuì）	新娘（xīnniáng）
日子（rìzi）	口袋（kǒudai）	恰好（qiàhǎo）	冲刷（chōngshuā）
夏季（xiàjì）	穷人（qióngrén）	广播（guǎngbō）	英雄（yīngxióng）
色彩（sècǎi）	没词儿（méicír）	佛像（fóxiàng）	成年（chéngnián）
琐碎（suǒsuì）	稳妥（wěntuǒ）	遵守（zūnshǒu）	大伙儿（dàhuǒr）

恶劣(è'liè)　　痰盂儿(tányúr)　　差别(chābié)　　专政(zhuānzhèng)

而且(érqiě)　　壶盖儿(húgàir)　　内脏(nèizàng)　　荒谬(huāngmiù)

群体(qúntǐ)　　品德(pǐndé)　　支援(zhīyuán)　　眷恋(juànliàn)

窟窿(kūlong)　　挂帅(guàshuài)　　确定(quèdìng)　　研究生(yánjiūshēng)

战略(zhànlüè)　　赔偿(péicháng)　　小丑(xiǎochǒu)　　天经地义(tiānjīngdìyì)

模拟试题(五)

请用手机微信扫二维码，学习"语音示范"

一、读单音节字词(100个音节),限时3.5分钟,共10分。

珠(zhū)	狼(láng)	女(nǚ)	倦(juàn)	苗(miáo)	软(ruǎn)
枪(qiāng)	烁(shuò)	格(gé)	猎(liè)	左(zuǒ)	培(péi)
呕(ǒu)	青(qīng)	辨(biàn)	听(tīng)	哑(yǎ)	迅(xùn)
暖(nuǎn)	鬓(bìn)	粮(liáng)	曹(cáo)	迟(chí)	蜜(mì)
羽(yǔ)	刁(diāo)	户(hù)	逛(guàng)	登(dēng)	驳(bó)
钧(jūn)	恒(héng)	脱(tuō)	死(sǐ)	喘(chuǎn)	实(shí)
比(bǐ)	劫(jié)	破(pò)	奎(kuí)	热(rè)	荣(róng)
袜(wà)	踩(cǎi)	诊(zhěn)	犯(fàn)	朽(xiǔ)	抄(chāo)
胸(xiōng)	蛋(dàn)	疲(pí)	画(huà)	笋(sǔn)	歪(wāi)
罚(fá)	申(shēn)	盾(dùn)	根(gēn)	舀(yǎo)	擒(qín)
喊(hǎn)	步(bù)	沙(shā)	蛮(mán)	仄(zè)	先(xiān)
挥(huī)	儿(ér)	虽(suī)	窘(jiǒng)	匪(fěi)	楼(lóu)
此(cǐ)	丢(diū)	田(tián)	灭(miè)	快(kuài)	囊(náng)
七(qī)	怎(zěn)	刷(shuā)	景(jǐng)	掐(qiā)	政(zhèng)
阅(yuè)	汞(gǒng)	爵(jué)	汪(wāng)	陇(lǒng)	癣(xuǎn)
装(zhuāng)	稿(gǎo)	冯(féng)	鳌(áo)	挎(kuà)	宅(zhái)
捺(nà)	充(chōng)	粗(cū)	卖(mài)		

二、读多音节词语(100个音节),限时2.5分钟,共20分。

特别(tèbié)	纵队(zòngduì)	眉毛(méimao)	创立(chuànglì)
日趋(rìqū)	怀念(huáiniàn)	造句(zàojù)	思想(sīxiǎng)
懒得(lǎnde)	紧缺(jǐnquē)	穷苦(qióngkǔ)	国务院(guówùyuàn)
昂贵(ángguì)	奔跑(bēnpǎo)	全体(quántǐ)	瓜子儿(guāzǐr)
运输(yùnshū)	定额(dìng'é)	永久(yǒngjiǔ)	抓获(zhuāhuò)
佛典(fódiǎn)	钢铁(gāngtiě)	学生(xué·sheng)	撒谎(sāhuǎng)
喷射(pēnshè)	因而(yīnér)	被窝儿(bèiwōr)	收藏(shōucáng)

纯粹(chúncuì)　　打扰(dǎrǎo)　　尊重(zūnzhòng)　　红娘(hóngniáng)

未曾(wèicéng)　　人群(rénqún)　　白昼(báizhòu)　　双方(shuāngfāng)

加塞儿(jiāsāir)　　下马(xiàmǎ)　　富翁(fùwēng)　　纽扣儿(niǔkòur)

安排(ānpái)　　简直(jiǎnzhí)　　系统(xìtǒng)　　开玩笑(kāiwánxiào)

旅馆(lǚguǎn)　　率领(shuàilǐng)　　叫唤(jiàohuan)　　一筹莫展(yīchóumòzhǎn)

模拟试题（六） 请用手机微信扫二维码，学习"语音示范"

一、读单音节字词(100 个音节)，限时 3.5 分钟，共 10 分。

梨(lí)	府(fǔ)	膜(mó)	脱(tuō)	瞥(piē)	显(xiǎn)
衫(shān)	底(dǐ)	迈(mài)	归(guī)	盆(pén)	准(zhǔn)
桶(tǒng)	宽(kuān)	册(cè)	我(wǒ)	孽(niè)	谭(tán)
顺(shùn)	病(bìng)	雄(xióng)	此(cǐ)	凡(fán)	缩(suō)
候(hòu)	迁(qiān)	丑(chǒu)	廷(tíng)	芽(yá)	避(bì)
储(chǔ)	搔(sāo)	选(xuǎn)	坏(huài)	崩(bēng)	誉(yù)
割(gē)	爬(pá)	秋(qiū)	捐(juān)	向(xiàng)	爽(shuǎng)
责(zé)	均(jūn)	夺(duó)	壤(rǎng)	断(duàn)	赠(zèng)
翁(wēng)	死(sǐ)	加(jiā)	构(gòu)	黑(hēi)	垮(kuǎ)
风(fēng)	踹(chuài)	磷(lín)	腮(sāi)	施(shī)	撅(juē)
鸟(niǎo)	众(zhòng)	圣(shèng)	略(lüè)	疏(shū)	群(qún)
优(yōu)	逗(dòu)	改(gǎi)	况(kuàng)	马(mǎ)	直(zhí)
怎(zěn)	昂(áng)	寝(qǐn)	唤(huàn)	羊(yáng)	拒(jù)
澈(chè)	叠(dié)	忍(rěn)	邀(yāo)	虹(hóng)	穷(qióng)
膊(bó)	入(rù)	贫(pín)	垒(lěi)	猜(cāi)	念(niàn)
方(fāng)	二(èr)	奥(ào)	酶(méi)	凿(záo)	苇(wěi)
饶(ráo)	拢(lǒng)	皮(pí)	寡(guǎ)		

二、读多音节词语(100 个音节)，限时 2.5 分钟，共 20 分。

苦恼(kǔnǎo)	男女(nánnǚ)	谬论(miùlùn)	苗头(miáotou)
水果(shuǐguǒ)	佛经(fójīng)	运动(yùndòng)	参议院(cānyìyuàn)
次日(cìrì)	恰好(qiàhǎo)	巴掌(bāzhang)	冲刷(chōngshuā)
热爱(rè'ài)	分配(fēnpèi)	夏季(xiàjì)	自然界(zìránjiè)
天真(tiānzhēn)	外面(wàimiàn)	窘迫(jiǒngpò)	脸盘儿(liǎnpánr)
完备(wánbèi)	交流(jiāoliú)	公民(gōngmín)	症状(zhèngzhuàng)
租用(zūyòng)	迅速(xùnsù)	行当(hángdang)	在这儿(zàizhèr)

罪恶(zuì'è)　　虐待(nüèdài)　　发票(fāpiào)　　小曲儿(xiǎoqǔr)

绘画(huìhuà)　　王朝(wángcháo)　客观(kèguān)　　老爷(lǎoye)

文明(wénmíng)　火坑(huǒkēng)　　上层(shàngcéng)　飞快(fēikuài)

赤手空拳(chìshǒukōngquán)

模拟试题（七）

请用手机微信扫二维码，学习"语音示范"

一、读单音节字词（100 个音节），限时 3.5 分钟，共 10 分。

勺(sháo)	黑(hēi)	效(xiào)	皖(wǎn)	畔(pàn)	软(ruǎn)
肿(zhǒng)	词(cí)	天(tiān)	者(zhě)	军(jūn)	墩(dūn)
略(lüè)	唱(chàng)	末(mò)	滤(lǜ)	组(zǔ)	州(zhōu)
逃(táo)	仍(réng)	筐(kuāng)	北(běi)	您(nín)	抖(dǒu)
雏(chú)	奎(kuí)	用(yòng)	瓮(wèng)	牙(yá)	糟(zāo)
捻(niǎn)	庵(ān)	仿(fǎng)	栋(dòng)	诚(chéng)	额(é)
僻(pì)	拟(nǐ)	死(sǐ)	坪(píng)	拐(guǎi)	貂(diāo)
剑(jiàn)	活(huó)	梭(suō)	氦(hài)	苯(běn)	源(yuán)
犬(quǎn)	耗(hào)	驱(qū)	咧(liě)	礁(jiāo)	世(shì)
铃(líng)	征(zhēng)	闭(bì)	抬(tái)	坟(fén)	抓(zhuā)
遵(zūn)	免(miǎn)	腔(qiāng)	簇(cù)	波(bō)	损(sǔn)
很(hěn)	蹿(cuān)	川(chuān)	窘(jiǒng)	鹿(lù)	民(mín)
推(tuī)	陪(péi)	宰(zǎi)	凝(níng)	享(xiǎng)	二(èr)
寡(guǎ)	怯(qiè)	戒(jiè)	牛(niú)	棒(bàng)	爽(shuǎng)
日(rì)	米(mǐ)	闻(wén)	茬(chá)	下(xià)	艘(sōu)
松(sōng)	伐(fá)	蟹(xiè)	云(yún)	柑(gān)	缺(quē)
登(dēng)	块(kuài)	朽(xiǔ)	愁(chóu)		

二、读多音节词语（100 个音节），限时 2.5 分钟，共 20 分。

恰当(qiàdàng)	砂轮儿(shālúnr)	选举(xuǎnjǔ)	观光(guānguāng)
丰满(fēngmǎn)	疟疾(nüèji)	表演(biǎoyǎn)	加工(jiāgōng)
破坏(pòhuài)	开外(kāiwài)	寻找(xúnzhǎo)	恩情(ēnqíng)
从而(cóng'ér)	无穷(wúqióng)	核算(hésuàn)	生产力(shēngchǎnlì)
弱点(ruòdiǎn)	由于(yóuyú)	创作(chuàngzuò)	半道儿(bàndàor)
妇女(fùnǚ)	红润(hóngrùn)	渗透(shèntòu)	上层(shàngcéng)
老爷(lǎoye)	飘带(piāodài)	拼命(pīnmìng)	夸张(kuāzhāng)

媒人(méiren)　　白色(báisè)　　群体(qúntǐ)　　荒谬(huāngmiù)

花脸(huāliǎn)　　佛学(fóxué)　　质量(zhìliàng)　　挨个儿(āigèr)

锥子(zhuīzi)　　匪徒(fěitú)　　英雄(yīngxióng)　　手绢儿(shǒujuànr)

一丝不苟(yīsībùgǒu)

全国普通话水平测试真题(一)

请用手机微信扫二维码,学习"语音示范"

一、读单音节字词(100 个音节),限时 3.5 分钟,共 10 分。

恩(ēn)	眠(mián)	表(biǎo)	煤(méi)	劣(liè)	乃(nǎi)
丢(diū)	按(àn)	曰(yuē)	取(qǔ)	洲(zhōu)	水(shuǐ)
盒(hé)	烫(tàng)	砍(kǎn)	鬓(bìn)	姚(yáo)	滩(tān)
射(shè)	犬(quǎn)	甩(shuǎi)	顾(gù)	浸(jìn)	钾(jiǎ)
困(kùn)	卵(luǎn)	动(dòng)	囊(náng)	德(dé)	雅(yǎ)
槽(cáo)	座(zuò)	吻(wěn)	愣(lèng)	升(shēng)	次(cì)
疲(pí)	三(sān)	巡(xún)	喘(chuǎn)	叮(dīng)	墙(qiáng)
仪(yí)	捏(niē)	贼(zéi)	团(tuán)	荣(róng)	癣(xuǎn)
广(guǎng)	丝(sī)	迷(mí)	怕(pà)	菊(jú)	朽(xiǔ)
缩(suō)	柔(róu)	卒(zú)	纷(fēn)	崔(cuī)	怎(zěn)
欠(qiàn)	蒸(zhēng)	梁(liáng)	榻(tà)	苦(kǔ)	纸(zhǐ)
君(jūn)	怀(huái)	翁(wēng)	宠(chǒng)	齐(qí)	挂(guà)
斜(xié)	袍(páo)	闰(rùn)	绝(jué)	登(dēng)	莫(mò)
拍(pāi)	嫩(nèn)	缫(sāo)	桶(tǒng)	拙(zhuō)	炯(jiǒng)
马(mǎ)	扯(chě)	吠(fèi)	报(bào)	刷(shuā)	环(huán)
刚(gāng)	罢(bà)	日(rì)	诸(zhū)	仿(fǎng)	汪(wāng)
用(yòng)	岭(lǐng)	播(bō)	二(èr)		

二、读多音节词语(100 个音节),限时 2.5 分钟,共 20 分。

为了(wèile)	森林(sēnlín)	篡改(cuàngǎi)
夸张(kuāzhāng)	华贵(huáguì)	佛典(fódiǎn)
舞女(wúnǚ)	手绢儿(shǒujuànr)	灰色(huīsè)
然而(rán'ér)	彼此(bǐcǐ)	创造性(chuàngzàoxìng)
撇开(piēkāi)	完备(wánbèi)	翱翔(áoxiáng)
猫头鹰(māotóuyīng)	快艇(kuàitǐng)	叛变(pànbiàn)
皎洁(jiǎojié)	描述(miáoshù)	功能(gōngnéng)

下降（xiàjiàng）　　侵略（qīnlüè）　　状元（zhuàngyuan）

恰如（qiàrú）　　培育（péiyù）　　丰硕（fēngshuò）

酒盅儿（jiǔzhōngr）　　红火（hónghuo）　　迫使（pòshǐ）

群体（qúntǐ）　　油田（yóutián）　　上课（shàngkè）

贫穷（pínqióng）　　牛顿（niúdùn）　　撒谎（sāhuǎng）

胸脯（xiōngpú）　　程序（chéngxù）　　翅膀（chìbǎng）

农村（nóngcūn）　　在这儿（zàizhèr）　　外力（wàilì）

底子（dǐzi）　　大娘（dàniáng）　　命运（mìngyùn）

爱国（àiguó）　　展览（zhǎnlǎn）　　刀刃儿（dāorènr）

缺乏（quēfá）

全国普通话水平测试真题(二)

 请用手机微信
扫二维码,学习
"语音示范"

一、读单音节字词(100个音节),限时3.5分钟,共10分。

亏(kuī)	阅(yuè)	典(diǎn)	儿(ér)	馨(xīn)	寡(guǎ)
裙(qún)	黑(hēi)	藤(téng)	佩(pèi)	陵(líng)	字(zì)
层(céng)	日(rì)	忙(máng)	软(ruǎn)	抠(kōu)	腐(fǔ)
囚(qiú)	她(tā)	醒(xǐng)	凑(còu)	除(chú)	钵(bō)
防(fáng)	摸(mō)	扭(niǔ)	毛(máo)	俊(jùn)	投(tóu)
象(xiàng)	拖(tuō)	洒(sǎ)	膘(biāo)	告(gào)	沦(lún)
袋(dài)	丙(bǐng)	锐(ruì)	耍(shuǎ)	环(huán)	筛(shāi)
捧(pěng)	碎(suì)	癖(pǐ)	选(xuǎn)	农(nóng)	居(jū)
腔(qiāng)	砸(zá)	吃(chī)	甲(jiǎ)	四(sì)	迎(yíng)
费(fèi)	淤(yū)	我(wǒ)	歌(gē)	拣(jiǎn)	淮(huái)
某(mǒu)	棕(zōng)	违(wéi)	磷(lín)	爽(shuǎng)	瞥(piē)
旺(wàng)	僧(sēng)	炯(jiǒng)	摔(shuāi)	道(dào)	杯(bēi)
决(jué)	帐(zhàng)	鼓(gǔ)	债(zhài)	粗(cū)	但(dàn)
女(nǚ)	延(yán)	问(wèn)	离(lí)	钓(diào)	犬(quǎn)
闹(nào)	苗(miáo)	诊(zhěn)	猎(liè)	染(rǎn)	澈(chè)
肯(kěn)	塘(táng)	沾(zhān)	癌(ái)	洽(qià)	庵(ān)
笨(bèn)	胸(xiōng)	准(zhǔn)	光(guāng)		

二、读多音节词语(100个音节),限时2.5分钟,共20分。

快乐(kuàilè)	丢人(diūrén)	小翁儿(xiǎowēngr)
含量(hánliàng)	村庄(cūnzhuāng)	开花(kāihuā)
灯泡儿(dēngpàor)	红娘(hóngniáng)	特色(tèsè)
荒谬(huāngmiù)	而且(érqiě)	定额(dìng'é)
观赏(guānshǎng)	部分(bùfen)	侵略(qīnlüè)
捐税(juānshuì)	收缩(shōusuō)	鬼脸(guǐliǎn)
趋势(qūshì)	拐弯儿(guǎiwānr)	内容(nèiróng)

若干（ruògān）　　　　爆发（bàofā）　　　　原材料（yuáncáiliào）

创办（chuàngbàn）　　抓紧（zhuājǐn）　　　盛怒（shèngnù）

运用（yùnyòng）　　　美景（měijǐng）　　　面子（miànzi）

压迫（yāpò）　　　　必需品（bìxūpǐn）　　佛学（fóxué）

一直（yīzhí）　　　　启程（qǐchéng）　　　棒槌（bàngchui）

山峰（shānfēng）　　罪孽（zuìniè）　　　刺激（cìjī）

无穷（wúqióng）　　　打听（dǎting）　　　通讯（tōngxùn）

木偶（mù'ǒu）　　　昆虫（kūnchóng）　　天下（tiānxià）

做活儿（zuòhuór）　　跨度（kuàdù）　　　就算（jiùsuàn）

构造（gòuzào）

全国普通话水平测试真题(三)

 请用手机微信
扫二维码,学习
"语音示范"

一、读单音节字词(100 个音节),限时 3.5 分钟,共 10 分。

蹦(bèng)	耍(shuǎ)	德(dé)	扰(rǎo)	直(zhí)	返(fǎn)
凝(níng)	秋(qiū)	淡(dàn)	丝(sī)	炯(jiǒng)	粗(cū)
袄(ǎo)	瓮(wèng)	癣(xuǎn)	儿(ér)	履(lǚ)	告(gào)
筒(tǒng)	猫(māo)	囊(náng)	驯(xùn)	辱(rǔ)	碟(dié)
栓(shuān)	来(lái)	顶(dǐng)	墩(dūn)	忙(máng)	哀(āi)
霎(shà)	果(guǒ)	憋(biē)	捺(nà)	装(zhuāng)	群(qún)
精(jīng)	唇(chún)	亮(liàng)	馆(guǎn)	符(fú)	肉(ròu)
梯(tī)	船(chuán)	溺(nì)	北(běi)	剖(pōu)	民(mín)
邀(yāo)	旷(kuàng)	暖(nuǎn)	快(kuài)	酒(jiǔ)	除(chú)
缺(quē)	杂(zá)	搜(sōu)	税(shuì)	脾(pí)	锋(fēng)
日(rì)	贼(zéi)	孔(kǒng)	哲(zhé)	许(xǔ)	尘(chén)
谓(wèi)	忍(rěn)	填(tián)	颇(pō)	残(cán)	涧(jiàn)
穷(qióng)	歪(wāi)	雅(yǎ)	捉(zhuō)	凑(còu)	怎(zěn)
虾(xiā)	冷(lěng)	躬(gōng)	莫(mò)	虽(suī)	绢(juàn)
挖(wā)	伙(huǒ)	聘(pìn)	英(yīng)	条(tiáo)	笨(bèn)
敛(liǎn)	墙(qiáng)	岳(yuè)	黑(hēi)	巨(jù)	访(fǎng)
自(zì)	毁(huǐ)	郑(zhèng)	浑(hún)		

二、读多音节词语(100 个音节),限时 2.5 分钟,共 20 分。

恶劣(èliè)	损坏(sǔnhuài)	兴奋(xīngfèn)
昆虫(kūnchóng)	采取(cǎiqǔ)	排斥(páichì)
针鼻儿(zhēnbír)	挂帅(guàshuài)	少女(shàonǚ)
利索(lìsuo)	荒谬(huāngmiù)	电磁波(diàncíbō)
若干(ruògān)	夜晚(yèwǎn)	恰当(qiàdàng)
愿望(yuànwàng)	降低(jiàngdī)	加塞儿(jiāsāir)
浪费(làngfèi)	苦衷(kǔzhōng)	按钮(ànniǔ)

存留（cúnliú）　　　　上午（shàngwǔ）　　　　小熊儿（xiǎoxióngr）

佛教（fójiào）　　　　新娘（xīnniáng）　　　　逗乐儿（dòulèr）

全面（quánmiàn）　　　包括（bāokuò）　　　　不用（bùyòng）

培养（péiyǎng）　　　　编纂（biānzuǎn）　　　　扎实（zhāshi）

推测（tuīcè）　　　　　均匀（jūnyún）　　　　吵嘴（chǎozuǐ）

然而（rán'ér）　　　　怪异（guàiyì）　　　　满口（mǎnkǒu）

收成（shōucheng）　　侵略（qīnlüè）　　　　发作（fāzuò）

听话（tīnghuà）　　　大学生（dàxuéshēng）　钢铁（gāngtiě）

孩子（háizi）　　　　光荣（guāngróng）　　　前仆后继（qiánpūhòujì）

附　录

附录一　汉语拼音方案

《汉语拼音方案》是一套标记汉语普通话语音系统的法定方案。它由第一届全国人民代表大会第五次会议审议通过，并于 1958 年 2 月 11 日正式颁布推行。

《汉语拼音方案》包括五个部分，即字母表、声母表、韵母表、声调符号、隔音符号。

字 母 表

字母	Aa	Bb	Cc	Dd	Ee	Ff	Gg
名称	ㄚ	ㄅㄝ	ㄘㄝ	ㄉㄝ	ㄜ	ㄝㄈ	ㄍㄝ

Hh	Ii	Jj	Kk	Ll	Mm	Nn
ㄏㄚ	ㄧ	ㄐㄧㄝ	ㄎㄝ	ㄝㄌ	ㄝㄇ	ㄋㄝ

Oo	Pp	Qq	Rr	Ss	Tt
ㄛ	ㄆㄝ	ㄑㄧㄡ	ㄚㄦ	ㄝㄙ	ㄊㄝ

Uu	Vv	Ww	Xx	Yy	Zz
ㄨ	ㄪㄝ	ㄨㄚ	ㄒㄧ	ㄧㄚ	ㄗㄝ

V 只用来拼写外来语、少数民族语言和方言。

字母的手写体依照拉丁字母的一般书写习惯。

声 母 表

b	p	m	f		d	t	n	l
ㄅ玻	ㄆ坡	ㄇ摸	ㄈ佛		ㄉ得	ㄊ特	ㄋ讷	ㄌ勒

g	k	h		j	q	x
ㄍ哥	ㄎ科	ㄏ喝		ㄐ基	ㄑ欺	ㄒ希

zh	ch	sh	r		z	c	s
ㄓ知	ㄔ蚩	ㄕ诗	ㄖ日		ㄗ资	ㄘ雌	ㄙ思

在给汉字注音的时候，为了使拼式简短，zh、ch、sh 可以省作 ẑ、ĉ、ŝ。

133

韵 母 表

	i 丨 衣	u ㄨ 乌	ü ㄩ 迂
a 丫 啊	ia 丨丫 呀	ua ㄨ丫 蛙	
o ㄛ 喔		uo ㄨㄛ 窝	
e ㄜ 鹅	ie 丨ㄝ 耶		üe ㄩㄝ 约
ai ㄞ 哀		uai ㄨㄞ 歪	
ei ㄟ 欸		uei ㄨㄟ 威	
ao ㄠ 熬	iao 丨ㄠ 腰		
ou ㄡ 欧	iou 丨ㄡ 忧		
an ㄢ 安	ian 丨ㄢ 烟	uan ㄨㄢ 弯	üan ㄩㄢ 冤
en ㄣ 恩	in 丨ㄣ 因	uen ㄨㄣ 温	ün ㄩㄣ 晕
ang ㄤ 昂	iang 丨ㄤ 央	uang ㄨㄤ 汪	
eng ㄥ 亨的韵母	ing 丨ㄥ 英	ueng ㄨㄥ 翁	
ong ㄨㄥ 轰的韵母	iong ㄩㄥ 雍		

（1）"知、蚩、诗、日、资、雌、思"七个音节的韵母用 i，即知、蚩、诗、日、资、雌、思等字拼作 zhi，chi，shi，ri，zi，ci，si。

（2）韵母儿写成 er，用作韵尾的时候写成 r。例如，"儿童"拼作 ertong，"花儿"拼作 huar。

（3）韵母ㄝ单用的时候写成 ê。

（4）i 行的韵母，前面没有声母的时候，写成：yi（衣），ya（呀），ye（耶），yao（腰），you（忧），yan（烟），yin（因），yang（央），ying（英），yong（雍）；

u 行的韵母，前面没有声母的时候，写成：wu（乌），wa（蛙），wo（窝），wai（歪），wei（威），wan（弯），wen（温），wang（汪），weng（翁）；

ü 行的韵母，前面没有声母时，写成：yu（迂），yue（约），yuan（冤），yun（晕）；ü上两点省略；

ü 行的韵母跟声母 j，q，x 拼的时候，写成：ju（居），qu（区），xu（虚），ü上两点也省略；但是跟声母 l，n 拼的时候，仍然写成：lü（吕），nü（女）。

（5）iou，uei，uen 前面加声母的时候，写成：iu，ui，un，例如 niu（牛），gui（归），lun（论）。

（6）在给汉字注音时，为了使拼式简短，ng 可以省作 ŋ。

声 调 符 号

阴平	阳平	上声	去声
ˉ	ˊ	ˇ	ˋ

声调符号标在音节的主要母音上。轻声不标。例如：

妈 mā	麻 má	马 mǎ	骂 mà	吗 ma
（阴平）	（阳平）	（上声）	（去声）	（轻声）

隔 音 符 号

a，o，e 开头的音节连接在其他音节后面的时候，如果音节的界限发生混淆，用隔音符号（'）隔开，例如，pi'ao（皮袄）。

附录二　国际音标简表

国际音标是国际语音协会 1888 年公布的一套国际上通用的记音符号，"一符一音，一音一符"是国际音标的主要特点。

国际音标简表

发音方法			双唇（上唇下唇）	唇齿（上齿下唇）	舌尖前（舌尖齿背）	舌尖中（舌尖上齿龈）	舌尖后（舌尖硬腭前）	舌叶	舌面前（舌面前硬腭前）	舌面中（舌面中硬腭）	舌面后（舌根软腭）	喉
辅音 塞音	清	不送气	p			t				c	k	ʔ
		送气	p'			t'				c'	k'	
	浊		b			d					g	
塞擦音	清	不送气		pf	ts		tʂ	tʃ	tɕ			
		送气		pf'	ts'		tʂ'	tʃ'	tɕ'			
	浊				dz		dʐ	dʒ	dʑ			
鼻音	浊		m	ɱ		n	ɳ		ɲ		ŋ	
闪音	浊					ɾ						
边音	浊					l						
擦音	清		ɸ	f	s		ʂ	ʃ	ɕ	ç	x	h
	浊		β	v	z		ʐ	ʒ	ʑ	j	ɣ	ɦ
半元音	浊		w ɥ ʊ							j(ɥ)	(w)	

舌位	口腔	唇形	舌尖元音 前		后		舌面元音 前		央			后	
			不圆	圆	不圆	圆	不圆	圆	不圆	自然	圆	不圆	圆
元音 高	最高	闭	ɿ	ʮ	ʅ	ʯ	i	y				ɯ	u
高	次高						ɪ						ʊ
中	最高	半闭					e	ø				ɤ	
中	正中				ɚ					ə			
中	低中	半开					ɛ	œ	ɜ		(ə)	ʌ	ɔ
低	次低						æ			ɐ			
低	最低	开					a			ᴀ		ɑ	

附录三　3 500 个常用汉字表

说明：

（1）本表收入的是 1988 年国家语言文字工作委员会和原国家教育委员会联合发布的 2 500 个常用字和 1 000 个次常用字。

（2）单斜线"/"前是常用字，单斜线"/"后是次常用字。双斜线"//"后是超出 3 500 个常用汉字表之外的字，有两类：一类是在"读单音节字词"或"读多音节词语"试题中出现过的字；另一类是在第三题"50 篇朗读短文"中出现过的常常读错的字。

（3）表中下面加"·"的字（词），是普通话水平测试中必须掌握且出现频度较高、失误也较多的字（词）。

（4）带括号的字（词），是普通话水平测试中必须掌握的多音字或异读词。

（5）黑体字为入声字。

a

ā 阿（阿訇，阿姨；阿 ē 谀）啊/腌

á 啊

ǎ 啊

à 啊

a 啊

āi 哀挨（挨近，挨个儿；挨 ái 说，挨打）唉/哎埃

ái 挨/皑癌

ǎi 矮/蔼

ài 唉爱碍/艾（方兴未艾；自怨自艾 yì）隘

ān 安/氨庵鞍

ǎn/俺

àn 岸按案暗//黯

āng/肮

áng 昂

āo/凹熬(熬肉;熬 áo 夜)

áo/熬//鳌

ǎo/袄

ào 傲奥/拗(拗口;执拗 niù)澳懊

b

bā 八巴扒(扒开;扒 pá 手)吧疤/叭芭捌笆

bá 拔/跋

bǎ 把(把手,把握,把柄;刀把 bà 儿)/靶

bà 坝把爸罢(罢休;ba 语助词)霸/耙(耙地;耙 pá 子)

ba 吧

bāi/掰

bái **白**

bǎi **百伯柏**(柏树;柏 bó 林)摆

bài 败拜

bān 班般斑搬/扳颁

bǎn 板版

bàn 办半扮伴拌瓣/绊

bāng 帮/邦

bǎng 榜绑膀(翅膀,膀子;膀 pāng 肿;膀 páng 胱)

bàng 棒傍/蚌(河蚌;蚌 bèng 埠)谤磅

bāo 包胞炮(炮羊肉;炮 páo 制;大炮 pào)**剥**(剥皮;剥 bō 削)/苞褒

báo **雹薄**(薄饼,纸很薄;薄 bó 弱,稀薄)

bǎo 饱宝保堡(碉堡,堡垒;瓦窑堡 bǔ;十里堡 pù)

bào 报抱暴(暴露,暴动;一暴 pù 十寒)爆/刨(刨床;刨 páo 土)豹

bēi 杯背(背包袱;背 bèi 后)悲碑/卑

běi **北**

bèi 贝备背倍被辈/狈焙//钡

bei 臂

bēn 奔(奔走;投奔 bèn)

běn 本//苯

bèn 奔笨

bēng/崩绷(绷带;绷 běng 脸;绷 bèng 开)

běng/绷

bèng 蹦/泵蚌绷//迸

bī 逼

bí 鼻/荸

bǐ 比彼笔鄙/匕秕

bì 币必毕闭毖秘(秘鲁;秘 mì 密)辟(复辟;开辟 pì)蔽弊壁臂(臂膀;胳臂 bei)避/庇荜痹璧//碧

biān 边编鞭/蝙

biǎn 扁(扁担;扁 piān 舟)/贬匾

biàn 变便(方便;便 pián 宜)遍辨辩辫

biāo 标/彪膘

biǎo 表

biē/憋瘪鳖

bié 别(分别;别 biè 扭)

biě 瘪(干瘪;瘪 biē 三)

biè 别

bīn 宾滨/彬缤濒

bìn 鬓

bīng 冰兵

bǐng 丙柄饼/秉屏(屏除;屏 píng 障)禀

bìng 并(合并;bīng 太原市别称)病

bō 拨波玻剥(剥削;剥 bāo 果皮)菠播//钵

bó 伯(伯父;大伯 bǎi 子)驳泊(停泊;湖泊 pō)柏脖博搏膊薄(薄弱;薄 báo 纸;薄 bò 荷)/勃舶渤//帛铂

bǒ 跛簸(簸谷;簸 bò 箕)

bò 薄/簸

bo 卜(萝卜;占卜 bǔ)膊

bǔ 卜补捕堡/哺

bù 不布步怖部/埠簿

c

cā 擦

cāi 猜

cái 才材财裁

cǎi 采(采用;采 cài 地)彩睬踩

cài 菜//蔡

cān 参(参加;人参 shēn;参 cēn 差)餐

cán 残蚕惭

cǎn 惨

càn 灿

cāng 仓苍舱/沧

cáng 藏(藏身;宝藏 zàng)

cāo 操/糙

cáo 槽/曹

cǎo 草

cè 册侧(侧面;侧 zhāi 歪;平侧 zè,同"仄")厕测策

céng 层曾(曾经;曾 zēng 姓)

cèng/蹭

chā 叉(叉子;叉 chá 位;叉 chǎ 腿;劈叉 chà)差(差别;差 chà 不多;出差 chāi;参差 cī)插/杈喳

chá 叉茶查(检查;姓查 zhā)察/茬碴

chǎ 叉/衩

chà 叉岔差/杈刹衩

chāi 拆差

chái 柴/豺

chān/掺搀

chán 单(单于;单 dān 独;姓单 shàn)馋缠/蝉

chǎn 产铲/阐

chàn 颤(颤动;颤 zhàn 栗)

chāng 昌/猖

cháng 长(长城;长 zhǎng 官)场(场院;场 chǎng 合)肠尝常偿

chǎng 厂场敞

chàng 畅倡唱

chāo 抄吵钞超/绰剿(剿说;剿 jiǎo 匪)

cháo 朝(朝廷;朝 zhāo 阳)潮/巢嘲(嘲笑;嘲 zhāo 哳)

chǎo 吵(吵嘴;吵吵 chāo)炒

chē 车(火车;车 jū 马炮)

chě 扯

chè 彻撤/澈

chēn//抻

chén 臣尘辰沉陈晨/忱

chèn 衬称(称心,对称;职称 chēng)趁

chēng 称撑/铛

chéng 成呈诚承城乘(乘车;千乘 shèng 之国)盛程惩/澄(澄清事实;把水澄 dèng 清)橙

chěng/逞(逞能)

chèng 秤

chī 吃/嗤痴

chí 池驰迟持匙/弛//踟

chǐ 尺齿耻/侈

chì 斥赤翅//炽

chōng 充冲(冲刷;冲 chòng 床)//舂憧

chóng 虫种(姓种;种 zhǒng 子;种 zhòng 地)重崇

chǒng/宠

chòng 冲(冲劲儿;冲 chōng 锋)

chōu 抽

chóu 仇(仇敌;姓仇 qiú)绸酬稠愁筹/畴

chǒu 丑

chòu 臭(臭气;乳臭 xiù)

chū 出初

chú 除厨锄/雏橱//蹰

chǔ 处(处理;处 chù 所)础储楚

chù 处畜触/矗

chuāi/揣(揣在怀里;揣 chuǎi 摩;挣揣 chuài)

chuǎi/揣

chuài/揣踹

chuān 川穿

chuán 传(宣传;传 zhuàn 记)船

chuǎn 喘

chuàn 串

chuāng 创疮窗

chuáng 床/幢(影幢;一幢 zhuàng)

chuǎng 闯

chuàng 创(创造;创 chuāng 伤)

chuī 吹炊

chuí 垂/锤捶

chūn 春/椿

chún 纯唇/淳醇

chǔn 蠢

chuō/戳

chuò/绰(宽绰;绰 chāo 起棍子)

cī 差//疵

cí 词辞慈磁/祠瓷雌

cǐ 此

cì 次刺/伺赐

cōng 匆葱聪/囱

cóng 从丛//淙

còu 凑

cū 粗

cù 促醋/簇

cuān//蹿

cuán/攒

cuàn 窜/篡

cuī 催摧/崔

cuǐ//璀

cuì 脆翠/悴粹//啐

cūn 村

cún 存

cùn 寸

cuō/搓撮(撮合;一撮 zuǒ 儿毛)

cuò 错/挫措锉

d

dā 搭答(答应;答 dá 复)

dá 打达答/瘩

dǎ 打(打击;一打 dá)

dà 大(大小;大 dài 夫)

da/瘩(疙瘩;瘩 dá 背)

dāi 呆

dǎi 逮/歹

dài 大代带袋贷待(等待;待 dāi 一会儿)怠逮(逮捕;逮 dǎi 老鼠)戴

dān 丹担(担水;担 dàn 子)单(简单;姓单 shàn;单 chán 于)耽

dǎn 胆/掸

dàn 石(一石米;石 shí 头)旦但担诞淡弹(子弹;弹 tán 性)蛋/氮

dāng 当(应当;妥当 dàng)/铛裆

dǎng 挡党

dàng 当荡档

dāo 刀叨

dáo 叨

dǎo 导岛倒(倒下;倒 dào 退)蹈/捣祷

dào 到倒盗悼道稻

dé 得德

de 地的(我的;的 dí 确;目的 dì)得

děi 得(可得注意;得 dé 到;好得 de 很)

dēng 灯登/蹬

děng 等

dèng 凳/邓澄瞪蹬

dī 低堤提滴/嘀

dí 的敌笛/涤嘀嫡//迪

dǐ 抵底

dì 地(土地;慢慢地 de 走)弟的帝递第/蒂缔

diān 颠/掂//滇巅

diǎn 典点/碘

diàn 电店垫殿/佃(佃户;佃 tián 作)甸坫淀惦奠

diāo 叼雕/刁碉//貂

diào 吊钓调掉

diē 爹跌

dié 叠蝶/碟谍//迭

dīng 丁叮盯钉(钉子;钉 dìng 扣子)

dǐng 顶/鼎

dìng 订钉定/锭

diū 丢

dōng 东冬

dǒng 董懂

dòng 动冻栋洞

dōu 都(都行;首都 dū)/兜

dǒu 斗(一斗米;斗 dòu 争)抖陡/蚪

dòu 斗豆逗/痘

dū 都督

dú 毒独读(读书;句读 dòu)/牍//犊

dǔ 肚堵赌睹//笃

dù 杜肚(肚子;爆肚 dǔ 儿)度(程度;忖度 duó)渡/妒镀

duān 端

duǎn 短

144

duàn 段断缎锻

duī 堆

duì 队对/兑

dūn 吨蹲/敦墩

dǔn/盹

dùn 盾顿/囤(粮囤;囤 tún 积)钝//炖

duō 多/哆

duó 夺度/踱

duǒ 朵躲/垛(门垛子;麦垛 duò)

duò 惰/驮垛舵堕跺

e

ē 阿//婀

é 鹅蛾额/讹俄

ě 恶(恶心;可恶 wù;凶恶 è)

è 恶饿/扼遏愕噩鳄//腭口恶鹗

ēn 恩

ér 儿而

ěr 耳/尔饵

èr 二/贰

f

fā 发

fá 乏伐罚阀/筏

fǎ 法

fà 发(理发;发 fā 生)

fān 帆番(几番;番 pān 禺)翻

fán 凡烦繁/矾樊

fǎn 反返

fàn 犯饭泛范贩

fāng 方坊(牌坊;染坊 fáng)芳

fáng 防坊妨房/肪

fǎng 仿访纺

fàng 放

fēi 飞非/菲(芳菲;菲 fěi 薄)啡//妃

féi 肥

fěi 匪/诽菲//翡

fèi 肺废沸费/吠

fēn 分(分开;成分 fèn)芬吩纷/氛//酚

fén 坟/焚

fěn 粉

fèn 分份奋粪愤/忿

fēng 丰风封疯峰锋蜂/枫

féng 逢缝/冯(姓冯;píng 同"凭")

fěng 讽

fèng 凤奉缝(缝隙;缝 féng 纫)

fó 佛(佛教;仿佛 fú)

fǒu 否(否认;否 pǐ 极泰来)

fū 夫(丈夫;fú 文言虚词)肤/麸孵敷

fú **伏扶佛服**(服从;一服 fù 药)俘浮符**幅福**凫芙**拂袱辐蝠**//弗氟

fǔ 抚斧府俯辅腐/甫脯(肉脯;胸脯 pú)

fù 父(父亲;田父 fǔ)付负妇附咐服赴**复副傅富腹覆**/赋**缚**

g

gā 夹(夹肢窝)/咖(咖喱;咖 kā 啡)

gà //尬

gāi 该

gǎi 改

gài 盖(盖子;姓盖 gě)溉概/丐芥(芥菜;草芥 jiè)钙

gān 干(干燥;干 gàn 活)甘杆(旗杆;笔杆 gǎn 儿)肝竿/柑//尴

gǎn 杆秆赶敢感/橄

gàn 干//赣

gāng 冈扛(力能扛鼎;扛 káng 枪)刚纲钢缸/肛

gǎng 岗港

gàng 杠钢

gāo 高膏糕/羔篙

gǎo 搞稿/镐(镐头;镐 hào 京)

gào 告膏(膏油;牙膏 gāo)

gē 格哥胳鸽搁(耽搁;搁 gé 不住)割歌/戈疙

gé 格革(革命;病革 jí)阁搁葛隔/蛤//骼

gě 合盖葛(姓葛;葛 gé 藤)

gè 个(个体;自个 gě 儿)各(各种;这人真各 gě)

gěi 给(给以;供给 jǐ,给 jǐ 予)

gēn 根跟

gēng 更耕/羹//庚

gèng 更(更加;三更 gēng 半夜)

gěng 颈/埂耿梗

gōng 工弓公功攻供宫恭躬/蚣//龚

gǒng 巩/汞拱

gòng 共贡供(供认;供 gōng 给)

gōu 勾(勾结;勾 gòu 当)沟钩

gǒu 狗/苟

gòu 勾构购够/垢

gū 估(估计;估 gù 衣)孤姑骨辜/咕沽菇箍

gǔ 古谷股骨(骨头;骨 gū 碌)鼓/贾

gù 估固故顾/雇//锢

guā 瓜刮

guǎ/寡

guà 挂/卦褂

guāi 乖

guǎi 拐

guài 怪

guān 关观(观看;寺观 guàn)官冠/棺

guǎn 馆管

guàn 观贯冠(冠军;衣冠 guān)惯灌罐

guāng 光

guǎng 广//犷

guàng/逛

guī 归龟(乌龟;龟 jūn 裂;龟 qiū 兹)规/闺硅瑰

guǐ 轨鬼/诡

guì 柜贵桂跪/刽

gǔn 滚

gùn 棍

guō 过锅/郭涡//蝈

guó 国

guǒ 果裹

guò 过(过去;姓过 guō)

h

hā 哈(哈哈;哈 hǎ 达;哈 hà 什蚂)

há/蛤

hǎ 哈

hà 哈

hāi 咳(咳,叹词;咳 ké 嗽)

hái 还(还要;还 huán 原)孩

hǎi 海

hài 害/亥骇//氦

hān/酣憨//鼾

hán 汗(可汗;出汗 hàn)含寒/函涵韩

hǎn 喊/罕

hàn 汉汗旱/捍悍焊撼翰憾

hāng/夯

háng 行航/吭杭

hàng 巷(巷道;小巷 xiàng)

hāo/蒿

háo 号毫豪/壕嚎

hǎo 好(好人;爱好 hào)

hào 号(记号;呼号 háo)好耗浩/镐

hē 喝(喝水;喝 hè 彩)/呵

hé 禾合(合作;gě 一升的十分之一)何和(和平;附和 hè;和 huó 面;和 huò 药;和 hú 了;温和 huo)河荷核(核心;核 hú 儿)盒//颌

hè 吓和贺荷(负荷;荷 hé 花)喝/赫褐鹤//壑

hēi 黑/嘿(嘿嘿;mò 同"默")

hén 痕

hěn 很狠

hèn 恨

hēng/哼

héng 恒横(横竖;蛮横 hèng)衡

hèng 横

hōng 轰哄(哄动;哄 hǒng 骗;起哄 hòng)烘//訇

hóng 红(红色;女红 gōng)宏虹(彩虹;出虹 jiàng 了)洪/鸿

hǒng 哄

hòng 哄//讧

hóu 喉猴/侯(封侯;闽侯 hòu)

hǒu 吼

hòu 后厚候/侯

hū 乎呼忽糊戏//惚

hú 狐胡壶核湖蝴糊/弧葫//囫

hǔ 虎/唬

hù 互户护糊/沪

huā 花哗(哗哗;哗 huá 众取宠)

huá 划(划船;划 huà 分)华(中华;姓华 huà)哗猾滑

huà 化划华画话/桦

huái 怀槐/徊淮//踝

huài 坏

149

huān 欢

huán 还环

huǎn 缓

huàn 幻换唤患/宦涣焕痪//浣

huāng 荒慌

huáng 皇黄煌/凰惶蝗磺//簧

huǎng 晃谎/恍幌

huàng 晃(摇晃;晃 huǎng 眼)

huī 灰挥恢辉/徽

huí 回/茴蛔

huǐ 悔毁

huì 汇会(开会;会 kuài 计)绘贿惠彗讳诲晦/秽溃

hūn 昏婚/荤

hún 浑混(混蛋;混 hùn 合)魂

hùn 混

huō/**豁**(豁口;豁 huò 达)

huó 和**活**

huǒ 火伙

huò **或**和货**获**祸**惑**/霍**豁**

huo 和

j

jī 几击饥圾机肌鸡奇(奇数;奇 qí 怪)**积**基**激**/讥叽唧畸箕稽(滑稽;稽 qǐ 首)//羁姬

jí **及吉**级极**即**急疾集籍/棘辑嫉//汲藉瘠

jǐ 几(几个;茶几 jī)己纪挤济(济南;救济 jì)**给脊**

jì 计记纪(纪念;姓纪 jǐ)技系忌际季剂**迹**济既继寄绩/妓荠(荠菜;荸荠 qí)祭寂鲫冀//髻

jiā 加**夹**(夹杂;夹 jiá 袄;夹 gā 肢窝)茄(雪茄;茄 qié 子)佳家嘉/枷//浃

jiá **夹**/荚颊

jiǎ **甲**假(假造;假 jià 期)/贾(姓贾;商贾 gǔ)钾

jià 价驾架假嫁稼

jiān 尖奸歼坚间(中间;离间 jiàn)肩艰监(监督;监 jiàn 利)兼渐(东渐于海;逐渐 jiàn)煎

jiǎn 拣茧俭捡检剪减简/柬碱

jiàn 见(见面;xiàn 同"现")件间建荐贱剑监健舰渐践鉴键箭/涧溅(溅出;jiān 同"浅")//涧谏

jiāng 江将(将来;将 jiàng 领)姜浆(泥浆;浆 jiàng 糊)僵疆/缰

jiǎng 讲奖桨/蒋

jiàng 匠降(降落;投降 xiáng)将强酱虹

jiāo 交郊浇娇骄胶教椒焦蕉/礁//跤

jiáo 嚼(嚼烂;咀嚼 jué;倒嚼 jiào)

jiǎo 角(牛角;角 jué 斗)狡饺绞脚搅缴/侥矫剿(剿匪;剿 chāo 说)

jiào 叫觉(睡觉;感觉 jué)教(教育;教 jiāo 书)校(校对;学校 xiào)轿较嚼/窖酵

jiē 节阶皆**结**(结实;结 jié 构)**接**揭街/秸

jié 节(季节;节 jiē 骨眼)**劫杰洁结捷截竭**//睫

jiě 姐解(解开;解 jiè 款;姓解 xiè)

jiè 介戒届界借解/芥(芥菜;芥 gài 蓝菜)诫

jīn 巾斤今金津筋禁/襟

jǐn 仅尽(尽管;尽 jìn 力)紧锦谨

jìn 尽进近劲(劲头;劲 jìng 敌)晋禁(禁止;不禁 jīn)浸//靳

jīng 茎京经惊晶睛精/荆兢鲸//粳鲸

jǐng 井颈(头颈;脖颈 gěng)景警/阱

jìng 劲径净经竞竟敬静境镜/靖

jiǒng /窘//炯

jiū 纠究揪/鸠

jiǔ 九久酒/玖灸韭

jiù 旧救就舅/臼疚

jū 车拘居据(拮据;根据 jù)**鞠**/驹//掬

jú **局菊橘**

jǔ 柜矩举/沮(沮丧;沮 jù 洳)

jù 巨句(句子；gōu 同"勾")据具俱**剧**拒距惧锯聚/炬沮

ju 矩

juān 捐圈/鹃

juǎn 卷(卷起；卷 juàn 宗)

juàn 绢卷倦圈/眷

juē //撅

jué **决角觉**(感觉；睡觉 jiào)**绝嚼脚掘/诀倔爵//**厥蕨攫

juè /**倔**(倔头倔脑；倔 jué 强)

jūn 军均龟君菌(细菌；菌 jùn 子)/钧

jùn 俊菌/峻骏竣//郡

k

kā /咖

kǎ 卡

kāi 开/揩

kǎi 凯慨/楷

kān 刊看(看守；看 kàn 见)堪/勘

kǎn 砍/坎

kàn 看

kāng 康糠/慷

káng 扛(扛枪；扛 gāng 鼎)

kàng 抗炕

kǎo 考烤/拷

kào 靠/铐

kē 科棵颗/坷(坷垃；坎坷 kě)苛呵**磕**蝌

ké **壳**(壳儿；地壳 qiào)**咳**

kě 可(可以；可 kè 汗)**渴**/坷

kè 可**克刻客课//**恪

kěn 肯垦恳/啃

kēng 坑/吭

kōng 空(天空；空 kòng 白)

kǒng 孔恐

kòng 空控

kōu/抠//眍

kǒu 口

kòu 扣寇//叩

kū 枯**哭**/窟

kǔ 苦

kù 库裤**酷**

kuā 夸

kuǎ 垮

kuà 挎跨/胯

kuài 会块快/筷

kuān 宽

kuǎn 款

kuāng 筐

kuáng 狂

kuàng 旷况矿框/眶

kuī 亏/盔窥

kuí 葵/魁//暌

kuǐ/傀

kuì 愧/溃(溃败;溃 huì 脓)

kūn 昆/坤

kǔn 捆

kùn 困

kuò **扩括阔**/廓

l

lā **拉**(拉车;拉 lá 了个口;半拉 lǎ;拉 là 下)**垃啦**//邋

lá 拉

lǎ 拉喇

là **落腊**(腊月;xī,干肉)**蜡辣**

la 啦

lái 来/莱

lài 赖/癞

lán 兰拦栏蓝篮/澜//褴

lǎn 览懒/揽缆榄

làn 烂滥

láng 郎狼廊/琅榔

lǎng 朗

làng 郎浪

lāo 捞

láo 劳牢/唠

lǎo 老姥

lào 络(络子;脉络 luò)涝落/烙(烙铁;炮烙 luò)酪

lè 乐(快乐;音乐 yuè)勒(勒令;勒 lēi 紧点)

le 了(语气助语;了 liǎo 解)

lēi 勒(勒紧;勒 lè 令)

léi 雷累(累赘;累 lěi 积;劳累 lèi)/擂(擂钵;擂 lèi 台)//镭赢

lěi 垒累/蕾儡

lèi 泪类累/肋擂

léng/棱楞

lěng 冷

lī/哩

lí 厘狸离梨犁璃黎/漓篱

lǐ 礼李里理/鲤

lì 力历厉立丽励利例隶栗粒/吏沥荔俐莉砾雳痢

liǎ 俩(夫妇俩;伎俩 liǎng)

lián 连怜帘莲联廉镰

liǎn 脸/敛

liàn 练炼恋链

liáng 良凉(凉快;凉 liàng 一凉)梁量粮粱

liǎng 两

liàng 亮凉谅辆量/晾

liang 量(打量;大量 liàng;测量 liáng)

liāo/撩(撩开;撩 liáo 拨)

liáo 辽疗僚/聊撩嘹缭燎寥

liǎo 了/潦燎(头发燎了;燎 liáo 原)

liào 料/镣//撂瞭

liē/咧(大大咧咧)

liě/咧(咧嘴)

liè **列劣烈猎裂**

lín 邻林临淋(淋浴;淋 lìn 病)/琳磷鳞//霖

līn//拎

lǐn/凛檩

lìn 淋/吝赁躏

líng 令伶灵铃陵零龄/玲凌菱蛉翎棱(穆棱;棱 léng 角)//绫

lǐng 令岭领

lìng 另令(命令;复姓"令 líng 狐";一令 lǐng 纸)

liū 溜(溜冰;溜 liù 马)

liú 刘留流榴/琉硫馏(蒸馏;馏 liù 馒头)瘤

liǔ 柳//绺

liù **六陆碌**溜/馏

lōng 隆

lóng 龙聋笼隆/咙胧窿

lǒng 拢垄笼(笼罩;笼 lóng 子)//陇

lòng 弄(里弄;弄 nòng 开)

lōu 搂(搂柴火;搂 lǒu 抱)

lóu 楼/娄

lǒu 搂/篓

lòu 漏露/陋

lú 芦炉/卢颅

lǔ 芦虏鲁/卤//掳

lù 陆(陆地;liù"六"的大写)**录鹿绿碌**(忙碌;碌 liù 碡)路露(露水;露 lòu

面)/赂//麓禄

lú 驴

lǚ 旅屡/吕侣铝缕履//楼

lǜ **律**虑率**绿**(绿色;绿 lù 林)滤/氯

luán/峦//孪

luǎn 卵

luàn 乱

lüè 掠略

lūn/抡(抡拳;抡 lún 材,"选拔"意)

lún 论轮/仑伦抡沦

lùn 论(理论;论 lún 语)

luō 啰

luó 罗萝锣箩骡螺/逻

luǒ/裸

luò **骆络落**(降落;落 lào 色;丢三落 là 四)**洛烙**//摞

m

mā **妈抹摩**(摩挲;摩 mó 擦)

má 麻/蟆

mǎ 马吗(吗啡;ma 语气词)码蚂/玛

mà 骂

ma 吗

mái 埋(埋葬;埋 mán 怨)

mǎi 买

mài 迈**麦卖脉**(脉络;脉 mò 脉)

mán 埋蛮馒瞒//鳗

mǎn 满

màn 漫慢/曼蔓幔

máng 芒忙盲茫/氓

mǎng/莽//蟒

māo 猫

máo 毛矛茅/锚

mǎo/铆//卯

mào 茂冒贸帽貌//袤

me 么

méi 没(没有;没 mò 落)眉梅煤霉/玫枚媒楣

měi 每美//镁

mèi 妹/昧媚

mēn 闷(闷热;苦闷 mèn)

mén 门

mèn 闷

men 们

mēng 蒙(蒙骗;启蒙 méng;蒙 měng 古)

méng 萌蒙盟/檬朦//虻

měng 猛蒙

mèng 孟梦

mī 眯(眯缝;眯 mí 了眼)/咪

mí 迷眯谜/弥靡(靡费;风靡 mǐ)糜

mǐ 米/靡

mì 秘(秘密;秘 bì 鲁)**密蜜/觅泌**//幂

mián 眠绵棉

miǎn 免勉/娩冕缅

miàn 面

miáo 苗描/瞄

miǎo 秒/渺藐

miào 妙庙

miè **灭蔑**//篾

mín 民

mǐn 敏/皿闽悯//抿

míng 名明鸣/铭螟//茗

mìng 命

miù/谬

mō 摸

mó 模(模范;模 mú 样)膜摩磨(磨炼;磨 mò 坊)魔/馍摹蘑

mǒ 抹(涂抹;抹 mò 墙;抹 mā 桌子)

mò 万(复姓"万俟";千万 wàn)末没抹沫脉莫漠墨默磨/茉陌寞//蓦

móu 谋//眸

mǒu 某

mú 模

mǔ 母亩/牡拇姆

mù 木目牧墓幕慕暮/沐募睦穆

n

nā 那(姓氏;那 nà 里)

ná 拿

nǎ 哪(哪儿;na 语气词;哪 né 吒)

nà 那纳/呐钠娜(人名;袅娜 nuó)捺

na 哪

nǎi 乃奶//氖

nài 耐/奈

nán 男南难(艰难;灾难 nàn)

nàn 难

nāng 囊(囊膪;囊 náng 肿)

náng 囊

náo 挠//蛲

nǎo 恼脑

nào 闹

né 哪

ne 呢(语气词;呢 ní 子)

něi/馁

nèi 内

nèn 嫩//恁

néng 能

nī//妮

ní 尼呢泥(泥土;拘泥 nì)//倪

nǐ 你/拟

nì 泥逆/昵匿腻溺

niān/蔫//拈

nián 年粘//鲇黏

niǎn/捻撵碾

niàn 念

niáng 娘

niàng 酿

niǎo 鸟

niào 尿(撒尿;尿 suī 脬)

niē 捏

niè/聂镊孽//啮蹑

nín 您

níng 宁(安宁;宁 nìng 可)凝/狞柠

nǐng/拧

nìng 宁/泞

niú 牛

niǔ 扭纽/钮//忸

niù 拗

nóng 农浓/脓

nòng 弄(玩弄;弄 lòng 堂)

nú 奴

nǔ 努

nù 怒

nǚ 女

nuǎn 暖

nüè/疟(疟疾;发疟 yào 子)虐

nuó 挪/娜

nuò/诺懦糯

o

ōu 区欧/殴鸥

ǒu 偶/呕藕

p

pā 趴

pá 扒爬/耙//枇杷

pà 怕/帕

pāi 拍

pái 排(排列;排 pǎi 子车)牌/徘

pǎi 迫(迫击炮;紧迫 pò)排

pài 派/湃

pān 番攀/潘

pán 胖(心广体胖;肥胖 pàng)盘//蹒

pàn 判盼叛/畔

pāng 乓膀//滂

páng 旁膀/庞磅螃

pàng 胖

pāo 抛泡(眼泡;泡 pào 沫)

páo 炮袍/刨咆

pǎo 跑(跑步;虎跑 páo 寺)

pào 泡炮

pēi/胚

péi 陪培赔//裴

pèi 佩配/沛

pēn 喷(喷泉;喷 pèn 香)

pén 盆

pèn 喷

pēng/砰烹

péng 棚硼蓬篷

pěng 捧

pèng 碰

pī 批披劈(劈木头;劈 pǐ 柴)/坯霹

pí 皮疲脾/啤

pǐ 匹否劈//癖

pì 辟僻/屁譬

piān 片(相片儿;一片 piàn)扁偏篇/翩

pián 便

piàn 片骗

piāo 漂(漂泊;漂 piǎo 白;漂 piào 亮)飘//剽

piáo 朴/瓢

piǎo 漂//瞟

piào 票漂

piē 撇(撇开;撇 piě 嘴)//瞥

piě 撇

pīn 拼

pín 贫/频

pǐn 品

pìn/聘

pīng 乒

píng 平评苹凭瓶萍/冯坪屏(屏风;屏 bǐng 除)

pō 朴坡泊泼/颇

pó 婆繁(姓)

pò 朴(朴硝;朴 pǔ 素;朴 pō 刀;姓朴 piáo)迫(逼迫;迫 pǎi 击炮)破魄

pōu 剖

pū 仆(前仆后继;仆 pú 从)扑铺(铺张;铺 pù 子)

pú 仆葡/菩脯蒲

pǔ 圃浦普

pù 铺堡暴/瀑

q

qī 七妻戚期欺漆/柒栖凄喊//沏

qí 齐其奇(奇怪;奇 jī 数)骑棋旗/歧祈荠脐畦崎鳍

qǐ 乞岂企启起/稽//绮杞

qì 气弃汽砌器/迄泣契

qiā/掐

qiǎ 卡(发卡,关卡;卡 kǎ 片)

qià 洽恰

qiān 千迁牵铅谦签//悭

qián 前钱钳潜/乾黔

qiǎn 浅(浅显;浅 jiān 形容流水声)遣/谴

qiàn 欠纤(拉纤;纤 xiān 维)歉/嵌

qiāng 枪腔/呛(呛着了;够呛 qiàng)

qiáng 强(强大;强 qiǎng 迫;倔强 jiàng)墙

qiǎng 抢强

qiàng/呛//跄

qiāo 悄(静悄悄;悄 qiǎo 然)雀(雀子;麻雀 què)锹敲/跷//橇

qiáo 乔侨桥瞧/荞翘(翘首;翘 qiào 尾巴)憔

qiǎo 巧悄

qiào 壳/峭窍翘撬//俏

qiē 切(切开;切 qiè 实)

qié 茄(茄子;雪茄 jiā)

qiě 且

qiè 切窃/怯//妾

qīn 侵亲(亲属;亲 qìng 家)/钦

qín 芹琴禽勤/秦擒//噙

qǐn/寝

qìn//沁

qīng 青轻倾清蜻/氢卿

qíng 情晴/擎

qǐng 顷请

qìng 庆亲//磬

qióng 穷/琼//穹

162

qiū 丘龟秋/蚯//邱

qiú 仇求球/囚//虬裘

qū 区(区别;姓区 ōu)曲(弯曲;歌曲 qǔ)驱屈趋/岖蛆躯//黢祛

qú 渠//瞿

qǔ 取/娶//龋

qù 去趣

quān 圈(圆圈;猪圈 juàn;圈 juān 在家里)

quán 权全泉拳/痊//蜷

quǎn 犬

quàn 劝券(入场券)

quē 缺

qué/瘸

què **却雀确鹊**

qún 裙群

r

rán 然燃

rǎn 染

rāng 嚷(嚷嚷;叫嚷 rǎng)

ráng/瓤

rǎng 壤嚷/攘

ràng 让

ráo 饶

rǎo 扰

rào 绕

rě 惹

rè **热**

rén 人仁任(姓任;任 rèn 务)

rěn 忍

rèn 刃认任/纫韧//妊

rēng 扔

réng 仍

rì 日

róng 荣绒容熔融/茸蓉溶榕

rǒng 冗

róu 柔揉/蹂

ròu 肉

rú 如/儒蠕//茹孺

rǔ 乳**辱**//汝

rù **入**/**褥**

ruǎn 软

ruǐ/蕊

ruì 锐瑞//睿

rùn 润/闰

ruò **若弱**

S

sā **撒**(撒网;撒 sǎ 种)

sǎ 洒**撒**

sà/**飒萨**

sāi **塞**(塞子;要塞 sài;阻塞 sè)/腮//鳃

sài 塞赛

sān 三/叁

sǎn 伞散(懒散;散 sàn 会)

sàn 散

sāng 丧(丧事;丧 sàng 失)桑

sǎng 嗓

sàng 丧

sāo/搔骚臊//缲

sǎo 扫(扫地;扫 sào 帚)嫂

sào 扫/臊

sè **色**(颜色;褪色 shǎi)塞/**涩瑟**

sēn 森

sēng/僧

shā **杀**沙纱/杉刹(刹车;古刹 chà)砂煞(煞车;煞 shà 费苦心)

shá/啥

shǎ 傻

shà 厦(大厦;厦 xià 门)/**煞霎**

shāi 筛

shǎi **色**

shài 晒

shān 山删衫扇(扇动;扇 shàn 子)杉(杉树;杉 shā 木)苫珊栅(栅极;栅 zhà 栏)//姗

shǎn 闪陕/掺

shàn 单扇善/苫擅膳赡//缮

shāng 伤商//墒

shǎng 上晌赏

shàng 上(上面;上 shǎng 声)尚

shang 裳

shāo 捎烧梢稍(稍微;稍 shào 息)

sháo **勺**/**芍**

shǎo 少(多少;少 shào 年)

shào 少绍捎哨稍

shē/奢赊

shé **舌**折蛇(毒蛇;委蛇 yí)

shě 舍(舍弃;宿舍 shè)

shè **设**社舍射**涉摄**/赦//慑麝

shéi 谁

shēn 申伸身参深/呻绅//娠砷

shén 什(什么;什 shí 锦)神

shěn 沈(姓沈;chén 同"沉")审婶

shèn 肾甚渗慎//蜃

shēng 升生声牲/笙甥

shéng 绳

shěng 省（省略；反省 xǐng）

shèng 圣胜乘盛（昌盛；盛 chéng 饭）剩

shī 尸**失**师诗狮施**湿/虱**

shí **十什石**（石头；一石 dàn 米）时识**实拾食**（食品；sì 喂养）**蚀**

shǐ 史使始驶/矢屎

shì **士氏**示世**市式**似势事侍**饰**试视柿是**适室**逝**释**誓/拭恃嗜

shi 匙殖

shōu 收

shóu **熟**（饭熟了，口语；成熟 shú，熟 shú 练）

shǒu 手守首

shòu 寿受授售兽瘦

shū **书叔**殊梳舒疏输蔬/抒枢淑

shú **熟/秫赎**

shǔ 暑**属**（属于；属 zhǔ 望）鼠数（数一数；数 shù 目；数 shuò 见不鲜）薯/黍署**蜀**曙

shù **术**（技术；白术 zhú）**束述**树竖数/恕庶墅漱//戍

shuā **刷**

shuǎ 耍

shuāi 衰（衰弱；鬓毛衰 cuī）摔

shuǎi 甩

shuài 帅**率**（率领；效率 lǜ）/蟀

shuān 拴/栓

shuàn/涮

shuāng 双霜//孀

shuǎng 爽

shuǐ 水

shuì 说税睡

shǔn/吮

shùn 顺/瞬//舜

shuō **说**（说话；游说 shuì；yuè 同"悦"）

shuò 数/烁硕

sī 司丝私思斯撕/嘶

sǐ 死

sì 四寺似(相似;似 shì 的)饲肆/伺(伺机;伺 cì 候)

sōu 搜艘

sòu 嗽

sōng 松

sǒng/耸

sòng 宋送诵颂/讼

sū 苏/酥

sú 俗

sù 诉肃素速宿(宿舍;一宿 xiǔ;星宿 xiù)塑缩/粟溯

suān 酸

suàn 蒜算

suī 尿虽

suí 随/遂//绥

suǐ/髓

suì 岁碎穗/祟遂(遂心;半身不遂 suí)隧

sūn 孙

sǔn 损笋

suō 缩/唆梭嗦//娑

suǒ 所索锁/琐

t

tā 他它她塌

tǎ 塔//獭

tà 踏/(踏步;踏 tā 实)/拓蹋

tāi/苔(舌苔;青苔 tái)胎

tái 台抬/苔

tài 太态泰/汰

tān 贪摊滩/瘫

tán 坛谈弹痰/昙谭潭檀

tǎn 坦毯/袒

tàn 叹炭探/碳

tāng 汤趟(趟水；一趟 tàng)

táng 唐堂塘膛糖/棠搪

tǎng 倘(倘若；倘 cháng 佯)躺/淌

tàng 烫趟

tāo 叨涛掏滔

táo 逃桃陶萄淘

tǎo 讨

tào 套

tè 特

téng 疼腾/誊藤//滕

tī 梯踢/剔

tí 提(提升；提 dī 防)题蹄/啼

tǐ 体

tì 剃惕替/屉涕

tiān 天添

tián 田甜填/恬

tiǎn/舔

tiāo 挑(挑水；挑 tiǎo 拨)//佻

tiáo 条调(调和；调 diào 查)/笤

tiǎo 挑

tiào 跳

tiē 帖(妥帖；请帖 tiě；字帖 tiè)贴

tiě 帖铁

tiè 帖

tīng 厅听

tíng 亭庭停蜓/廷

tǐng 挺艇

tōng 通(通过；说了一通 tòng)

tóng 同（同样；胡同 tòng）桐铜童/彤瞳//佟

tǒng 统桶筒/捅

tòng 同通痛

tōu 偷

tóu 头投

tòu 透

tū 秃突/凸

tú 图徒途涂屠

tǔ 土吐（吐痰；呕吐 tù）

tù 吐兔

tuān//湍

tuán 团

tuī 推

tuí/颓

tuǐ 腿

tuì 退/蜕褪

tūn 吞

tún 屯/囤臀

tùn/褪（把袖子褪下来；褪 tuì 色）

tuō 托拖脱

tuó 驼/驮（驮粮食；驮 duò 子）

tuǒ 妥/椭

tuò/拓（开拓；拓 tà 片）唾

w

wā 挖蛙/洼

wá 娃

wǎ 瓦（瓦房；瓦 wà 刀）

wà 瓦袜

wāi 歪

wài 外

wān 弯湾/豌

wán 丸完玩顽

wǎn 挽晚碗/宛惋婉//皖

wàn 万/腕蔓(瓜蔓;蔓 màn 延;蔓 mán 菁)

wāng 汪

wáng 亡王

wǎng 网往/枉

wàng 妄忘旺望

wēi 危威微/偎薇巍

wéi 为(行为;为 wèi 了)违围唯维/桅//韦

wěi 伟伪尾(尾巴;马尾 yǐ 儿)委(委托;委 wēi 蛇)/苇纬萎

wèi 卫为未位味畏胃喂慰/谓尉(尉官;姓尉 yù 迟)蔚魏

wēn 温/瘟

wén 文纹闻蚊

wěn 稳/吻紊

wèn 问

wēng 翁/嗡

wèng/瓮

wō 窝/涡蜗

wǒ 我

wò 沃卧握

wū 乌(乌鸦;乌 wù 拉草)污呜屋/巫诬

wú 无吴/芜梧蜈//吾

wǔ 五午伍武侮舞/捂鹉

wù 勿乌务物误恶悟雾/坞晤

X

xī 夕西吸希析牺息悉惜稀锡溪熄膝/昔晰犀熙嬉蟋

xí 习席袭/媳

xǐ 洗喜/铣徙(迁徙)

xì 戏系(系统;系 jì 鞋带)细隙

xiā 虾瞎

xiá 峡狭霞/匣侠暇辖

xià 下吓(吓唬;恐吓 hè)夏厦

xiān 仙先纤掀鲜(新鲜;鲜 xiǎn 见)锨

xián 闲贤弦咸衔嫌/涎舷

xiǎn 显洗险鲜/铣

xiàn 县现限线宪陷馅羡献/腺

xiāng 乡相(互相;相 xiàng 貌)香箱/厢湘镶

xiáng 详降祥/翔

xiǎng 享响想//饷

xiàng 向项巷(小巷;巷 hàng 道)相象像橡

xiāo 削(削皮;剥削 xuē)消宵销/萧硝箫嚣

xiáo/淆

xiǎo 小晓

xiào 孝校笑效/肖哮啸

xiē 些歇/楔蝎

xié 叶协邪胁携鞋/挟谐//缬斜

xiě 写血

xiè 泄泻卸解屑械谢/懈蟹

xīn 心辛欣新薪/芯(灯芯;芯 xìn 子)锌//馨

xìn 信/芯衅

xīng 兴(兴旺;兴 xìng 趣)星腥/猩

xíng 刑行(步行;行 háng 列)形型/邢

xǐng 省醒

xìng 兴杏幸性姓

xiōng 凶兄胸/匈汹

xióng 雄熊

xiū 休修羞

xiǔ 朽宿

xiù 秀臭袖绣宿锈/嗅

xū 须虚需/吁(长吁短叹;呼吁 yù)//嘘

xú 徐

xǔ 许

xù 序叙畜(畜牧;畜 chù 牲)绪**续絮蓄/旭恤酗婿**

xuān 宣/轩喧

xuán 悬旋(旋转;旋 xuàn 风)/玄漩

xuǎn 选/癣

xuàn 券旋/炫

xuē **削**/靴薛

xué **穴学**

xuě 雪

xuè **血**(血液;流了一点血 xiě)

xūn/勋熏(熏肉,别熏 xùn 着了)//薰

xún 旬寻巡询循

xùn 训讯迅/汛驯逊殉熏

y

yā **压**呀**押鸦哑鸭**//桠

yá 牙芽崖/蚜涯衙

yǎ 哑(哑巴;咿哑 yā)雅

yà **轧**(轧棉花;轧 zhá 钢)亚压/讶

ya 呀(语气助词;作叹词念 yā)

yān 咽(咽喉;吞咽 yàn;呜咽 yè)烟淹燕/殷(殷红;殷 yīn 勤)腌//焉

yán 延严言岩炎沿研盐铅(铅山;铅 qiān 笔)颜/阎蜒檐

yǎn 掩眼演/奄衍

yàn 厌咽艳宴验雁焰燕(燕子;姓燕 yān)/砚唁谚堰

yāng 央殃秧/鸯

yáng 扬羊阳杨洋

yǎng 仰养氧痒

yàng 样/漾

yāo 妖要腰邀/夭吆

yáo 窑谣摇遥/侥肴姚

yǎo 咬/崾

yào 药要(需要;要 yāo 求)钥耀/疟

yē/掖(掖在口袋里;奖掖 yè)椰//噎

yé 邪爷

yě 也冶野

yè 业叶(树叶;叶 xié 韵)页夜咽液/掖谒腋//曳

yī 一衣医依椅/伊揖壹

yí 仪宜姨移遗(遗失;遗 wèi 赠)疑/夷胰

yǐ 乙已以尾蚁倚椅

yì 亿义议艺忆亦异役译易疫益谊意毅翼/艾屹抑邑绎奕逸肆溢//弋刈熠

yīn 因阴音姻/茵殷

yín 银/吟淫//寅

yǐn 引饮(饮食;饮 yìn 马)蚓瘾//尹隐

yìn 印饮

yīng 应(应该;应 yìng 用)英樱鹰/莺婴缨鹦//膺

yíng 迎盈营蝇赢/荧莹萤

yǐng 影/颖

yìng 应映硬

yō 育/哟

yo/哟

yōng 佣(佣工;佣 yòng 金)拥庸//雍

yǒng 永咏泳勇涌/蛹踊

yòng 用佣

yōu 优忧悠/幽

yóu 尤由邮犹油游//铀

yǒu 友有(没有;yòu 同"又")//西黝

yòu 又右幼有诱/佑//釉

yū/迂淤

yú 于余鱼娱渔愉榆愚/隅逾舆//俞虞

yǔ 与(赠与;参与 yù)予屿宇羽雨语//禹

yù 与玉育狱浴预域欲遇御裕愈誉/芋吁郁尉喻寓蔚豫//谕

yuān 冤/鸳渊

yuán 元园员原圆援源/袁猿辕//缘

yuǎn 远

yuàn 怨院愿//苑

yuē 约

yuè 月**乐钥**(锁钥;钥 yào 匙)**阅悦跃越/岳粤**

yūn 晕(头晕;晕 yùn 车)

yún 云匀员(古人名;学员 yuán;姓员 yùn)/耘

yǔn 允/陨

yùn 孕运员晕韵/酝蕴

Z

zā 扎(编扎;扎 zhā 针)//咂

zá 杂/砸

zāi 灾栽

zǎi 载(登载;载 zài 重)宰//崽

zài 再在载

zán 咱

zǎn/攒(积攒;攒 cuán 动)

zàn 暂赞

zāng 脏(肮脏;内脏 zàng)/赃

zàng 脏葬藏

zāo 遭糟

záo/**凿**

zǎo 早枣澡/蚤藻

zào 皂灶造燥躁/噪

zé **则责择**(选择;择 zhái 菜)**泽**

zè//仄

zéi **贼**

zěn 怎

zēng 曾(曾祖;曾 céng 经)增//憎

zèng 赠

zhā 扎(扎针;挣扎 zhá)

zhá **扎轧闸炸**(炸糕;炸 zhà 弹)//铡

zhǎ **眨**

zhà 炸榨/乍诈栅

zhāi **摘**/斋

zhái **宅择**

zhǎi **窄**

zhài 债寨

zhān 占(占卜;占 zhàn 领)沾粘(粘贴;粘 nián 液)/毡瞻

zhǎn 斩盏展崭

zhàn 占战站颤/栈绽蘸

zhāng 张章/彰樟

zhǎng 长涨(涨价;头昏脑涨 zhàng)掌

zhàng 丈仗帐胀涨障/杖账

zhāo 招着朝/昭

zháo 着(着凉;穿着 zhuó;高着 zhāo 儿;站着 zhe)

zhǎo 爪找/沼

zhào 召(召开;姓召 shào)兆赵照罩

zhē 折(折腾)遮

zhé 折(转折;折 shé 本)**哲**/辙//谪

zhě 者//褶

zhè 这(书面语;口语中念 zhèi)**浙**/蔗

zhe 着

zhēn 贞针侦珍真/斟榛//臻

zhěn 诊枕/疹

zhèn 阵振震镇

zhēng 正(正月;正 zhèng 面)争征挣症(症结;症 zhèng 状)睁筝蒸/怔狰

zhěng 整/拯

zhèng 正证郑政挣(挣钱;挣 zhēng 扎)症

zhī 之支只(一只;只 zhǐ 有)**汁芝枝知肢织脂蜘**/吱

zhí **执直侄值职植殖**

zhǐ 止只旨址纸指/趾//咫

zhì 至志识帜制质治致**秩**智置/**挚掷室**滞稚

zhōng 中(中心；中 zhòng 标)忠终钟/盅衷

zhǒng 肿种(种子；种 zhòng 地)//冢

zhòng 中众种重(重量；重 chóng 复)/仲

zhōu 舟州周洲**粥**

zhóu/**轴**(轴心；压轴 zhòu 戏)

zhǒu/肘帚

zhòu 宙昼皱骤/咒轴

zhū 朱珠株诸猪蛛//诛

zhú **术竹逐烛**

zhǔ 主煮属**嘱**/拄//瞩

zhù 助住注驻柱祝**著**(著作；zhuó 同"着"zhuó)**筑**铸/贮蛀

zhuā 抓

zhuǎ 爪(爪子；爪 zhǎo 牙)

zhuān 专砖

zhuǎn 转(旋转，转变；转 zhuàn 悠)

zhuàn 传转赚/撰//篆

zhuāng 庄装/妆桩

zhuàng 壮状撞/幢

zhuī 追/椎(椎骨；铁椎 chuí)锥

zhuì/坠缀赘

zhūn 谆

zhǔn 准

zhuō **捉桌**/拙

zhuó **浊涿着/灼茁酌琢**卓(zhuó 同"着"zhuó)

zī 姿资滋/吱咨

zǐ 子仔紫/姊籽滓

zì 自字

zi 子

zōng 宗棕踪/综//鬃

zǒng 总

zòng 纵

zǒu 走

zòu 奏/揍

zū 租

zú 足族/卒

zǔ 阻组祖/诅

zuān 钻(钻研；钻 zuàn 石）

zuàn 钻//攥

zuǐ 嘴

zuì 最罪醉

zūn 尊遵

zuō 作(作坊；工作 zuò）

zuó 昨/琢

zuǒ 左/撮//佐

zuò 作坐座做

参 考 文 献

［1］董中锋.普通话培训测试技法［M］.武汉：华中师范大学出版社,2021.

［2］国家语言文字工作委员会普通话培训测试中心.普通话水平测试实施纲要［M］.北京：商务印书馆,2004.

［3］蒋同林.普通话口语交际［M］.北京：人民教育出版社,2006.

［4］邢福义.普通话培训测试指要［M］.武汉：华中师范大学出版社,2012.

［5］宋欣桥.普通话水平测试员实用手册［M］.北京：商务印书馆,2000.

［6］王群生.普通话培训与测试［M］.武汉：中国地质大学出版社,1999.

［7］王群生.普通话声调中心测试法［M］.呼和浩特：内蒙古人民出版社,1996.

［8］王彩豫,王群生.论普通话双音节词语的轻化现象［J］.汉语学报,2007(3)：78－84.

［9］李珉.普通话口语交际［M］. 北京：高等教育出版社,1997.